Ernst Waldemar Bauer

Zauber der Schwäbischen Alb

Zauber der Schwäbischen Alb

Ernst Waldemar Bauer

Gegenüberliegende Seite:
Uracher Wasserfall
im Frühling

Silberburg·Verlag

Der Autor:
Prof. Dr. Ernst Waldemar Bauer, 1926 in Tübingen geboren, studierte Naturwissenschaften mit den Schwerpunkten Biologie, Geologie und Chemie. Er baute das Seminar für Studienreferendare in Esslingen auf und leitete es 25 Jahre lang. Von 1984 bis 1988 war er Mitglied des Landtags von Baden-Württemberg. Einem breiten Publikum wurde er durch die Fernsehreihe »Wunder der Erde« bekannt, von der er 186 Folgen produzierte und moderierte. Bauer schrieb zahlreiche Bücher für den Schulunterricht, so »Biologiekolleg« und den Band »Humanbiologie«, der zum Standardwerk wurde. Er verfasste außerdem mehrere Bücher zur Schwäbischen Alb. Ernst Waldemar Bauer erhielt zahlreiche Auszeichnungen, darunter den Adolf-Grimme-Preis und den Deutschen Jugendbuchpreis.

1. Auflage 2008

© 2008 by Silberburg-Verlag GmbH, Schönbuchstraße 48, D-72074 Tübingen. Alle Rechte vorbehalten.
Umschlaggestaltung: Christoph Wöhler, Tübingen.
Druck: Gulde-Druck, Tübingen.
Printed in Germany.

ISBN 978-3-87407-789-7

Besuchen Sie uns im Internet und entdecken Sie die Vielfalt unseres Verlagsprogramms:
www.silberburg.de

Einbandvorderseite: Herbstblick auf die ehemalige Festung Hohenurach.
Einbandrückseite: Einer der markantesten Gipfel am Albtrauf: der Teckberg.
Vorderes Vorsatzpapier: Steil ragt der Hohenzollern über die umliegende Landschaft empor.
Seite 1: Ammonit *Pleuroceras.* Fundort Aalen-Rechenbach.
Hinteres Vorsatzpapier: Reliefkarte der Schwäbischen Alb.

Inhalt

Vorwort 7

Der gute Stein am Wasserfall 9

Rätselhaftes Längental 19

Albgold 23

Berge und Burgen der Kelten 31

Die »Schwäbischen Tausender« 41

Caesar lässt grüßen 45

Wie die Katzen auf dem Käfig 49

Vom Schießplatz zum Nationalpark 57

Aufwind am Trauf 69

Die Alb taucht auf 75

Rückzug der Alb 79

Von Hölle zu Hölle 83

Fels und Weide 89

In den Armen der Alb 93

Bilder aus der Steppenheide 99

Entdecker in Not 105

Tropfsteinkalender 111

Die Burg des Riesen 115

Albvulkane und ihre Spuren 119

Beschuss aus dem All 125

Im Tal der steinernen Jungfrauen 129

Eckpfeiler der Alb 133

Rulamans Erben 137

Linsen erobern die Alb 143

Zu den Schneckengärten der Königin von Saba 147

An der Lenninger Lauter 151

Napoleon und die Schlacht bei Elchingen 157

Danksagung 160

Vorwort

Felsflora im Oberjura

Ein warmes Meer gab es einst zwischen Alb und Alpen. Vor rund 15 Millionen Jahren begann die Ur-Alb aus diesem Meer aufzusteigen. Von Süden her rücken die Alpen heran. An der herausgehobenen Alb nagen längst die Kräfte der Abtragung.

Schon unsere frühen Vorfahren hatten bei aller Schönheit der Steppenheide ums tägliche Leben, vor allem mit der Wasserarmut und der immer wiederkehrenden Kälte des Eiszeitalters, zu kämpfen. Frühe Wohngebiete waren wasserführende Täler, wie das Lonetal mit seinen Höhlen.

Auf den Spuren des Neandertalers und nicht zuletzt unserer eigentlichen Vorfahren wurden im Schutt der Höhlen weltberühmte Kunstwerke aus Knochen und Elfenbein geborgen.

Goldwäscher suchten Gold aus Höhlen der Alb, allerdings mit niederschmetterndem Ergebnis. Das wahre Gold brachten viel früher die Kelten. Ihre Spur verfolgen wir vom Ipf bis zur Küssaburg.

Das Ries, der gewaltige Einschlagskrater eines Asteroiden, und sein »kleiner Bruder«, das Steinheimer Becken, sind durch ihre dramatische Entstehungs- und Entwicklungsgeschichte bis heute ein bedeutsames Arbeitsfeld der Geowissenschaftler.

Sagengestalten begegnen dem Leser: das Erzmännle von Nattheim, die edle Sibylle von der Teck und der unberechenbare Linkenbold aus seiner Höhle in der Zollernalb, nicht anders die Legenden, die sich um Herzog Ulrich ranken.

Napoleon, der in der Schlacht bei Elchingen das Heer der Österreicher besiegen ließ, hatte wohl ein Faible für die Alb, wäre er sonst nach der Schlacht von Austerlitz durch den Triumphbogen in Stuttgart gefahren?

Zur Teck und nicht wenigen anderen Bergen passt das Bild der Segelflieger und Paraglider.

Schneckengärten auf der Alb! Wer kennt sie schon? Im Lautertal gibt es sie wieder.

Die Truppenübungsplätze auf der Alb sind dabei, sich in großräumige Naturschutzgebiete zu verwandeln. Damit wächst die Hoffnung, dass auch Landschaftsbilder wie Steppenheide und Buchenwald eine Zukunft haben.

Der gute Stein am Wasserfall

Güterstein. Der stolze Wohnbau des Gestütshofs Güterstein steht quer zum Zugang in den Innenhof. An den Fenstern im Fachwerkgeschoss blühen Geranien, im Hof plätschert ein Brunnen vor einem bemerkenswerten Haus mit Wänden aus gesägten Kalktuffquadern. Die Bausteine stammen von einem verlassenen Tuffsteinbruch hoch oben im Buchenwald nahe dem Wasserfall. Ein großer »Laufstall« rechter Hand kann bis zu fünfzig ein- bis dreijährige Stutfohlen aufnehmen. Der geschotterte Fahrweg führt aus dem Gestütshof Güterstein hinauf auf die Höhe der Alb zum Fohlenhof und zum Gestütshof St. Johann.

Zu den Wasserfällen. Wer die Gütersteiner Wasserfälle besuchen will, hat es leicht: Wegzeichen, die dem Wanderer den rechten Weg weisen wollen, gibt es in Hülle und Fülle. Bei den Bäumen sind solche Markierungen wenig beliebt. Im Wald rauscht der Bach, der von den Wasserfällen kommt. Vom Tal herauf klingen die Lieder eines Kirchenchors: »Ich bitt', o Herr, aus Herzensgrund ...« und »Nun danket alle Gott ...«. Eine Gemeinde feiert ihre Waldandacht. Das Kloster allerdings, das einst die Gläubigen anzog, gibt es schon lange nicht mehr.

Unter einem strahlend blauen Herbsthimmel führt der Wanderweg bergan. Ein nasses Frühjahr, ein feuchtheißer, fast tropischer Sommer mit ein paar Regenwochen haben die grüne Pracht des Waldes bis in den Herbst hinein erhalten. Nur an den trockenen Südhängen stehen die ersten Bäume in herbstlichen Farben.

Im Schatten, am feuchten Hang zwischen den Rotbuchen stehen ein paar Sommerlinden, auch Spitzahorn und junge Ulmen. Dazwischen zieren Holunderbüsche den Weg. Der Aronstab zeigt seine roten Früchte.

Am Wegesrand an einer alten, vertrockneten Fichte klopft ein Buntspecht. Den morschen Stamm hat der »Zimmermann des Waldes« aufgeschlitzt und mit Löchern rundum versehen. Die Jagd auf Insektenlarven ist mühsam. Einige Dutzend Fichtenzap-

Gegenüberliegende Seite: Links auf dem Berg die Festung Hohenurach, in der Bildmitte die Rutschenfelsen und rechts der Runde Berg, einst ein alamannischer Fürstensitz. Unten: Zugang zum Gestütshof Güterstein

Oben: Auf dem gewachsenen Fels des Oberjura die Mauern der Festungsruine Hohenneuffen. Gegenüberliegende Seite: Kalktuffterrasse der Gütersteiner Wasserfälle

fen liegen rings um den Baum. Fettreiche Samen sind dem Specht hochwillkommen. Die meisten schluckt er, ein paar bleiben irgendwo im weiteren Umkreis liegen. Sie werden im nächsten Frühling keimen und für Fichtennachwuchs sorgen.

Im Frühjahr schon blühen Gelbstern und Anemone. An den lichten, nach Süden geneigten Hängen wächst die Stinkende Nieswurz. Der Lerchensporn ist nicht zu übersehen. Der Aronstab blüht erst im späteren Frühling. Er fängt mit seiner Blüte, der Kesselfalle, nektarsuchende Insekten zu seiner Bestäubung ein. Hummeln sind unterwegs. Schwefelgelbe Schlüsselblumen blühen. Hierzulande saget d' Leut' zu diesen Blüten »Buabamagenga«. Die dunkelgelben »Mädlesmagenga«, dem Apotheker als die wichtige Heilpflanze *Primula officinalis* wohl bekannt, blühen ein wenig später. Auf den Hangwiesen sind sie daheim.

Das Scharbockskraut, ein Künstler der Vermehrung, deckt die feuchten, helleren Ränder des Waldgrunds. Weder mit dem Rehbock noch mit dem Ziegenbock ist der Scharbock verwandt. Sein Name ist auf seine heilende Wirkung zurückzuführen:

»Scharbock« bedeutet soviel wie Skorbut. Das zarte Pflänzlein heilte in früheren Zeiten diese böse Mangelkrankheit. Heute holt man das Vitamin C, das der Scharbock lieferte, pfundweise im Ladengeschäft.

Ein erster Zitronenfalter schaukelt durch den Wald. Am Wiesenbach beim Gestütshof steht ein Fischreiher und wartet auf die Forelle des Tages.

Quellen und Wasserfälle. Der Blick auf die rauschenden unteren Gütersteiner Wasserfälle wird frei. Sprühende Kaskaden stürzen über massige Kalktuffpolster. Umsichtige Landschaftspfleger sorgen dafür, dass solche Naturschönheiten erhalten bleiben. Ein gutes Stück höher, am Fuß der hohen Felswand im Oberjura, entspringen mehrere Quellen über wasserstauenden Mergelschichten. Ein erster Wasserfall stürzt von einer der oberen Verebnungen auf eine tiefer liegende Tuffterrasse, verzweigt sich dort und stürzt in Kaskaden in einen aufgestauten Teich.

Im Bach und rundum sickert Wasser durch die grünen Polster der Quellmoose und Algen, den wichtigsten Baumeistern des Kalktuffs. Unter Tuff versteht man ein porenreiches, wenn es trocken wird, leichtes Gestein. Die Moospolster mit all ihren Blättchen bieten eine große Oberfläche. Das Quellwasser erwärmt sich nach und nach ein wenig. Ein Teil verdunstet. Gelöster Kalk wird abgelagert. Schließlich überzieht eine Kalkkruste Moosblättchen und Algen. Doch die kleinen grünen Pflanzen setzen sich erstaunlich schnell durch, solange sie von kalkreichem Wasser überrieselt werden. Das Tuffpolster wächst.

Höhlen im Kalktuff. Nur selten entwickelt sich ein Kalktuffpolster gleichmäßig. Meist entstehen Schwellen, unter denen kleine und größere Hohlräume ausgespart bleiben. So entstehen Barrieren und Höhlen im wachsenden Kalk. Bemerkenswert große Hohlräume können sich bilden: Bei Honau, um nur ein Beispiel zu nennen, entstand so die Olgahöhle. Die Echaz fließt sogar über diese Höhle hinweg. Jeder Riss in der Höhlendecke wurde vom nachwachsenden Kalktuff abgedichtet.

Nacheiszeit. Die Kalktuffbildung in den Bächen und Wasserfällen der Alb setzte nach der letzten Kaltzeit, der Würmeiszeit, vor rund 10 000 Jahren ein. Davor war es zu kalt für diesen Prozess. Die Bildung des porenreichen Tuffs ist in Warmzeiten

Der gute Stein am Wasserfall

Die alten Stein-
bruchwände von
Güterstein werden
von jungem Tuff
überwachsen.

besonders intensiv. Die Menge des Tuffs, die allein im Gebiet des Uracher Wasserfalls abgesetzt wurde, hat der Tübinger Geologe Georg Wagner mit rund 500 000 Kubikmetern berechnet.

Kalktuffbildung. Regenwasser ist eine schwache Kohlensäure. Ein Liter Regenwasser vermag durchschnittlich 60 Milligramm Kalk aufzulösen. Die Quellen der Gütersteiner Wasserfälle und des Uracher Wasserfalls treten mit einer Temperatur von etwa vier Grad Celsius aus. Erwärmt sich das kalkgesättigte Quellwasser, beginnt die Kalkablagerung. Druckabnahme und stärkere Bewegung des Wassers führen ebenfalls zur Abgabe von Kohlendioxid. Damit verstärkt sich die Kalkausscheidung.

Der Baustein Kalktuff war in früheren Zeiten hochbegehrt. Bis in das letzte Jahrhundert hinein wurden schöne, große Gebäude, auch Kirchen und

Brücken aus Kalktuffblöcken errichtet. Der schallund wärmedämmende Stein, Wasserstein wie man ihn auch nannte, war sehr beliebt. Ausgehärtet ist Kalktuff außerdem ein gut zu bearbeitender und stabiler Baustoff.

Herzog Eberhard Ludwig ließ als Erster im Jahr 1715 in Güterstein ein »Wasserhubwerk« errichten, vor allem, um seine Gestütshöfe Fohlenhof und St. Johann, die auf der wasserarmen Albhochfläche liegen, zu allen Zeiten mit gutem Trinkwasser zu versorgen. Das erste Pumpwerk wurde von einem großen Wasserrad betrieben. Diese Anlage entstand auf den Resten der Kartause Güterstein. Heute sorgt eine moderne Pumpanlage für die Wasserversorgung der Höfe auf der Alb. Das Gütersteiner Pumpwerk war im Übrigen der erste Schritt zu einer umfassenden Albwasserversorgung. Doch nun ein Stück zurück in der Geschichte Gütersteins.

Kardinal Graf Konrad ließ im Jahre des Heils 1226 auf dem großen Tuffklotz nahe der Quellen, am Fuß der Felswand ein »Klösterlein« bauen. 1439 wurde der Sitz der Gütersteiner Mönche zur Kartause erhoben und zugleich zur fürstlichen Grablege der Württemberger.

Graf Eberhard, Württembergs »vielgeliebter Herr«, und seine Mutter, Erzherzogin Mechthild, waren großzügige Gönner der Kartause. Als Eberhard im Jahr 1468 zu seiner Pilgerfahrt nach Jerusalem aufbrach, erhielt er in der Kartause Güterstein den Reisesegen. So festigte sich auch die Bindung zwischen Württemberg und Kirche. Nach seiner Rückkehr aus dem Heiligen Land heiratete Graf Eberhard die Markgräfin Barbara Gonzaga aus Mantua. Der öffentliche Aufwand war bemerkenswert. So darf man wohl sagen, wenn ein Württemberger zur Feier des Tages aus dem Schlossbrunnen den reinen Wein fließen lässt.

Herzog Ulrich, der Sohn von Graf Eberhard, war ein zwar begabter, aber in seiner Jugend denkbar unbeherrschter Mensch. Auf ihn passt das Lob auf die Herrschaft der Württemberger nicht so ohne weiteres. Um seine Person ranken sich gute und weniger gute Legenden, ja wahre Tragödien. So hat Ulrich seinen »Herzensfreund«, Hans von Hutten, im Schönbuch ermordet, nachdem er ein Auge auf dessen schöne Frau geworfen hatte. Im Land löste diese Tat höchstes Missfallen aus, aber um den Herzog zu bestrafen hat das nicht gereicht. Später wurde ihm allerdings sein unbeherrschtes Wesen sehr verübelt. Vor allem der organisierte Überfall seiner württembergischen Spießgesellen auf die Reichsstadt Reutlingen wurde ihm im ganzen Reich so schnell nicht verziehen. Für diese Schandtat wurde er verbannt und musste fliehen.

Das Wasser wurde fortgeleitet, die ausgetrockneten Wände lieferten Kalktuff als Baustein.

Der gute Stein am Wasserfall

Links oben: Der Feuer-
salamander fühlt sich in
feuchtem Lebensraum wohl.

Rechts oben:
Der Hirschzungenfarn
liebt die Nähe zum
kalkreichen Wasser.

Unten:
Im Überflutungsbereich
bilden sich ausgedehnte
Quellmoospolster.

Der gute Stein am Wasserfall

Auf der Flucht, so will es die Legende wissen, soll Ulrich ans Tor der Kartause Güterstein gepocht und um Zuflucht gebeten haben. Die Mönche allerdings seien nicht bereit gewesen, den »bösen Ulrich« einzulassen. Der zu Jähzorn neigende Herzog habe den Klosterbrüdern nach dieser Abfuhr Rache geschworen: »Mönchlein, Mönchlein, wenn ich zurückkomme, wird von eurem Haus kein Stein auf dem anderen bleiben«, soll Ulrich gedroht haben. Schlimme Worte, mit denen sich der kleine Württemberger verbal in die große Weltgeschichte verirrt hatte. Sein Vorbild waren, schön weit hergeholt, die Römer, die einst Jerusalem zerstörten.

Der Historiker Hayd hat den Fluchtweg Ulrichs genauer nachgezeichnet. Einen Hinweis auf einen Streit mit den Mönchen von Güterstein hat er dabei nicht entdeckt. Am Ende bleibt eine »Güterstein-Saga«, wie sie in den Beschreibungen der Stadt Urach von 1754 vorliegt.

Kryptisch das Ganze, geheimnisvoll, aber typisch für die Stimmung im damaligen Württemberg. Dem schwierigen, unbequemen, sprunghaften, rachsüchtigen Herzog gewann man immer auch eine positive Seite ab. Vor allem seine Verdienste um die Durchsetzung der Reformation haben ihm seine Landeskinder hoch angerechnet. Dabei hatte für ihn die Reformation weniger eine theologische als eine politische Bedeutung, nämlich mehr Unabhängigkeit von der Kirche und damit mehr Eigenständigkeit, auch für die kleinen Leute.

Die Kartause Güterstein hat die Reformation nicht unbeschadet überstanden. Die Württemberger gingen mit ihren »Neuerwerbungen«, vor allem mit Klöstern und Kirchen im katholischen Süden, gar nicht zimperlich um. Man denke an die Entmündigung und Plünderung des Klosters Zwiefalten, aus dem alles, was nicht niet- und nagelfest, aber von Wert war, in Richtung Stuttgart abtransportiert und je nachdem in Ludwigsburg eingeschmolzen wurde. Uhr, Glocken und Orgel wurden den Stuttgarter Kirchen geschenkt, die sie mit Freuden annahmen. Die Zwiefalter Orgel durfte in der Stuttgarter Stiftskirche spielen. Kein Zufall, dass das Verhältnis zwischen Württemberg und der katholischen Kirche auf lange Zeit sehr belastet war.

Die Legenden um Ulrich zeigen, dass er beim einfachen Volk geschätzt, ja verehrt wurde. So ist von einer Bauersfamilie die Rede, die den verbannten

Herzog Ulrich vor der Carthause Güterstein bei Urach.
Pfaffe Einen solchen Schurken nehmen wir nicht in unsere Mauren auf!
Herzog. Wart Pfaffe! das ist ein zweites Rom, aber ich will ein zweites Jerusalem draus machen.

Herzog auf dem Feld zum Vesper eingeladen haben soll. Als er aus der Verbannung zurückkehrte, habe er den Acker der gastfreundlichen Bauern auf ewige Zeiten von der Steuer befreit. Schön wär's, zu schön. Der Kirchheimer Archivar Roland Deigendesch kann zwar aus Urkunden die Volksnähe Ulrichs bestätigen, aber die »Gütersteiner und Lichtensteiner Geschichten« verweist er ins Reich der Legende. Sicher ist, dass viele Württemberger ihrem Herrn Ulrich trotz aller Fehler treu blieben. Nicht wenige tauften ihre Söhne auf den Namen Ulrich. Stille Verehrer des widerborstigen Herzogs soll es bis heute geben.

Herzog Christoph, Ulrichs Sohn, ließ die sterblichen Überreste seiner Vorfahren im Jahr 1544 von Güterstein nach Tübingen überführen. Ende des 16. Jahrhunderts wurde Güterstein auf Anordnung Herzog Christophs vollends abgebrochen. Geblieben ist nicht viel. Größere, wertvolle Bau-

Herzog Ulrich, so will es die Sage, wurde auf der Flucht von den Gütersteiner Mönchen nicht eingelassen. Er schwor Rache ...

15

Der gute Stein am Wasserfall

Denkmal des beliebten Dichters Wilhelm Hauff (1802–1827) nicht fern von Burg Lichtenstein hoch über dem Echaztal

steine aus Kalktuff aus den abgebrochenen Mauern der Kartause wurden weithin verfrachtet. Sie finden sich heute auch im Gemäuer von Hohenurach und Hohenneuffen wieder.

Wilhelm Hauff, der beliebte, leider viel zu früh verstorbene Dichter aus dem Schwabenland, lässt in seinem Roman »Lichtenstein«, der sehr zu Herzen geht, die Liebe des Volkes zu Ulrich aufblühen. So schreibt er, dass sich der Flüchtling im Jahr 1519

in der Nebelhöhle versteckt habe und immer am Abend, wenn er aus der Höhle kam, ans Tor der Burg Lichtenstein klopfte. Sein Freund Georg von Sturmfeder hat ihn in Hauffs Roman immer herzlich aufgenommen. Man sieht, Ulrichs Name war und ist gut für vielerlei Geschichten. Ob sie Volkes Stimme sind oder aus der Feder von Wilhelm Hauff flossen, ist gar nicht so wichtig.

Bis heute gibt es in der Nebelhöhle einen Abschnitt, der Ulrichshöhle genannt wird, eine

Der gute Stein am Wasserfall

Erinnerung, ein Denkmal ganz besonderer Art. Die Höhle allerdings war nie Ulrichs Unterschlupf.

Die neue Burg Lichtenstein ist ein anziehendes Abbild der Phantasie von Wilhelm Hauff. Feinfühlige Architekten haben das neue Schloss auf den schroffen Fels nahe am alten Lichtenstein gebaut. So findet eine lange Geschichte, eine Wanderung vom Güterstein zum Lichtenstein, ein friedliches Ende unter der Vorzeigeburg Alt-Württembergs. Eine Freude für Wanderer und Romantiker. Das kühle, glasklare Gewässer der Echaz sprudelt aus einem Quelltopf unterhalb des Lichtensteins. Forellen fühlen sich dort wohl. In den Forellenteichen wächst – wie könnte es auch anders sein – der Nachschub für Hotels und Gaststätten, die den edlen Fisch aufs Feinste zubereiten. Über der Gartenwirtschaft thront, und das macht das Ambiente so romantisch, hoch oben auf dem Fels Schloss Lichtenstein.

Burg Lichtenstein
im Winter
vom Flugzeug aus

Rätselhaftes Längental

Gemeint ist das Längental bei St. Johann, eine Talmulde auf der Alb oberhalb von Dettingen an der Erms. Ein richtiges Tal ist das Längental allerdings nicht. Es gibt keine Quelle und keinen Bach. Ein richtiger Bergbach hätte es auch schwer, in diesem Tal, dessen Ränder nach allen Seiten ansteigen, voranzukommen.

Das Längental mit seinem tiefgründigen, fruchtbaren Boden hat eine Sonderstellung auf der Alb. Die Form des Tals erinnert an eine Karstwanne, wie man sie aus dem slowenischen Karstgebiet kennt.

In der wissenschaftlichen Welt werden derartige Landschaftsformen Polje genannt. Lange Zeit war man sich über die Entstehungsgeschichte des langen Tals uneinig. Floss einst ein Nebenfluss der Ur-Lone durch das Tal? So könnte es gewesen sein, nur läuft das Wasser selten bergan. Die Wannenform lässt sich erklären, wenn man davon ausgeht, dass der Untergrund des Längentals, wie weite Gebiete der Schwäbischen Alb, verkarstet ist, das heißt, dass Spalten in die Tiefe führen und Wasser durch unterirdische Hohlräume abfließt. So weiß man inzwischen, dass das Wasser aus dem Längental in den Quellen der Gütersteiner Wasserfälle wieder zum Vorschein kommt.

Der Geophysiker Otto Mäußnest, der auf der Suche nach unbekannten Vulkanschloten im Längental gleich drei davon feststellte, brachte neue, bisher nicht verfolgte Überlegungen ins Spiel. Ob der Vulkanismus im Längental landschafts-bestimmend war, ist schwer zu sagen. Man weiß auch nicht, ob sich einer oder mehrere Kraterseen bildeten. Man darf auf weitere Entdeckungen im Längental hoffen.

Nicht zuletzt hat Mäußnest, den ich auf seinen Erkundungsgängen mit der Feldwaage ein Stück weit begleiten durfte, überraschend viele Vulkanschlote nicht nur im Längental entdeckt. Die Feldwaage ist ein hochempfindliches Instrument, das auf die geringsten Abweichungen des Erdmagnetfelds reagiert und so auch versteckte Vulkanschlote nachweisen kann.

Gegenüberliegende Seite: Mitten im Wald liegt das Ackerfeld des Längentals nicht fern von Sankt Johann. Unten: Eigentümliche Rinnen führen im Wald hinab ins Längental. Es sind Firnmulden, Zeugen der Eiszeit.

Schütterer Wald am Westhang des Längentals

Interessante Hinweise auf die Verhältnisse des Untergrunds im Längental waren die Dolinen, die Erdfälle, in der Mitte der Wanne. Durch die Motorisierung der Landwirtschaft mit der Möglichkeit, tiefer zu pflügen, wurden diese Landschaftsformen weitgehend verwischt.

Lange bevor unsere Vorfahren, die Kelten und später die Alamannen, die Alb besiedelten, waren schon Menschen im Längental. Sie haben Spuren im Längental hinterlassen. Wenn frisch gepflügt ist, kann man nach ein paar Regentagen am Rande der Äcker Feuersteinsplitter und Reste von Ton-

gefäßen entdecken. Aber immer noch bleibt so manches rätselhaft.

Firnrinnen. Am Westhang der Längentalmulde fällt eine Reihe von Seitentälchen auf, die einigermaßen parallel zueinander ins Längental hinabführen. Heute sind sie von Wald überwachsen und im Sommer kaum zu erkennen. Wasser führen sie nicht. Im Winter allerdings bleibt der Schnee in diesen Rinnen lange liegen. Geht man in Gedanken bis in die Eiszeit zurück, lässt sich wohl ein Reim auf diese Landschaftsform machen: Während der Kaltzeiten des Eiszeitalters gab es hier keinen Wald. Der Wind trieb den Schnee von Westen her über die Hochfläche ins Längental. Schon am Hang bildeten sich mehr oder weniger große Schneewächten. In den Vertiefungen dürfte sich der Schnee auch während der kühlen Sommer als Firn gehalten haben. Diese Zeiten sind vorbei. Langgestreckte Firnmulden, Erosionsformen des Eiszeitalters, sind geblieben. Das Längental ist in unseren Tagen 1,75 Kilometer lang und zwischen 300 und 400 Meter breit. Drei Faktoren wirkten bei der Formgebung dieses rätselhaften Tals zusammen: Verkarstung, Vulkanismus und Firnbildung.

Wie abgelegen das Tal ist, kann man daran erkennen, dass die Holzhauer, die rund um den landwirtschaftlichen Kern des Tales zu arbeiten hatten, früher von ihrem Dorf aus erst mal einen Fußmarsch von bald zwei Stunden hinter sich bringen mussten. Um sechs Uhr begann die Arbeit. An Regentagen von längeren Pausen unterbrochen, erzählte 's Gustävle einmal mehr, wie es im Siebziger-Krieg war. Zwar wussten alle schon, was er dort erlebt hatte, aber immer wieder wollten sie es aus seinem Munde erzählt bekommen.

Nach reichlicher Einleitung kam er zum Kern: Bei »Waschlafor«, gemeint ist Mars-la-Tour, war der Schlachtenlärm am lautesten und das Gustävle hat das alles erlebt, ja besser gesagt, überlebt. Wenn ihn einer fragte, wie es denn so gewesen sei im Krieg, setzte er zu einer hochdramatischen Antwort an: »Bei Waschlafor isch's manchmal zuaganga, do het mer he sei kenna.« Ins Hochdeutsche übersetzt: In Mars-la-Tour ging es manchmal so zu, man hätte sogar tot sein können.

Man sieht, wie bildend Regentage im Wald sein können. Natürlich hatte derselbe Mann eine unglaubliche Erfahrung im Waldbau. Eine hohe Fichte auf die richtige Seite zu fällen ist gar nicht so einfach, vor allem wenn sie danach noch abgeschleppt werden muss.

Eine Wandersage, die auch mit dem Längental in Verbindung gebracht wird, mag die geneigten Leser erfreuen: An der Ulrichseiche sang ein Bauernmädchen beim Beerensammeln ganz wunderbar. Der Herzog von Württemberg, im Zweifelsfall ist es immer der Ulrich, hörte den Gesang und war entzückt. Er ging ihm nach und entdeckte die ansehnliche Sängerin. Er bat sie, weil es so schön war, noch einmal zu singen und der hohe Herr versprach, ihr dafür das Land, so weit er ihre Stimme hören könne, zu schenken.

Das Singental
Der Herzog tief im Walde
Am Fuß der Eiche saß,
Als singend an der Halde
Ein Mägdlein Beeren las.
Erdbeeren, kühl und duftig
Bot sie dem greisen Mann,
Doch ihn umschwebte luftig
Noch stets der Töne Bann.

Aus der Luft gesehen wird das ganze Tal als geschlossene Einheit erkennbar. Regen und Schmelzwasser fließen unterirdisch ab.

So wurde der Herzog das ganze Längental los.

Die Sage vom Singental, mit der das Längental gemeint sein kann, passt auch recht gut auf einen Streit zwischen dem Herzog und den Glemser Bauern, bei dem beide der Meinung waren, das Längental sei allein ihr Eigentum. Nur gesungen wurde nicht.

Die alte Ulrichseiche, später nach dem verehrten Dichter Ludwig Uhland in Uhlandseiche umgetauft, ist längst zusammengebrochen. Dafür hat man drei junge Eichen gepflanzt. Sicher ist sicher, so sind sie halt, die Schwaben.

Albgold

Die Goldsucher der Republik Venedig hinterließen Spuren auf ihrem Weg nach Norden. Das
Tauerngold hatte es ihnen angetan. In der Nähe
von Heiligenblut, nicht allzu weit vom Großglock-
ner – dem mit 3798 Metern höchsten Berg Österreichs – sind bis heute die Goldwäscher am Werk,
vor allem im Sommer, wenn Touristen kommen
und sich in Goldwäscher verwandeln. Es ist wohl
kein Zufall, dass der Große und der Kleine Venediger den Namen der Stadtrepublik an der Adria,
der Serenissima Venedig, tragen.

Selbst auf der Schwäbischen Alb haben wohl
die »Goldspione Venedigs« ihre Spuren hinterlassen; woher sollte auch sonst das Venedigerloch
beim Schorrenfels am linken Hang des Seeburger
Tals seinen Namen haben? Mag sein, dass man zur
Zeit der Goldsucher alle Bergleute ganz einfach
»Venediger« nannte, schließlich war die Goldgier
Venedigs allbekannt. Für die sparsamen Württemberger ist zwar ein ohne traditionelle Arbeit
gewonnener Reichtum eher anrüchig, aber der
Glanz des Goldes lockt auf die Dauer selbst pietis-
tische Schwaben.

Goldloch. So heißt die kräftige Quellhöhle der
Schwarzen Lauter bei Schlattstall. Ein verdäch-
tiger Name. In den sagenhaften Gruselgeschichten
um das Goldloch ist die Rede von einem schwarzen Pudel, der in der Höhle einen Goldschatz be-
wacht. Auch von großäugigen schwarzen Vögeln,
die reglos an der Höhlenwand stehen und vorwit-

zige Besucher anstarren. Sie sollen die Wächter sa-
genhafter Schätze sein. Man hat auch gehört, dass
ein Seeburger Müllersknecht von der anderen Seite
der Alb – damit kann nur die Falkensteiner Höhle
gemeint sein – bis zum Goldloch vorgedrungen
sei. Schwer vorstellbar zwar, aber immerhin will
man wissen, dass er einen großen Klumpen Gold
entdeckt, ausgehauen und mitgenommen und damit eine ganze Grafschaft in der Schweiz gekauft
habe. Müllersbursche müsste man sein!

Gegenüber-
liegende Seite:
Im Fels am
bewaldeten Steil-
hang ist das Tor
der Falkensteiner
Höhle hinter den
Bäumen kaum
erkennbar.Das
Dorf auf der frucht-
baren Hochfläche
ist Grabenstetten.
Unten: Nach der
Schneeschmelze
führt das Goldloch
bei Schlattstall
Hochwasser.

kronach, auch er ist ein Fachmann in Sachen Goldwäsche. Mit Pickel und Schaufel stehen die beiden bis zu den Knien im Bach. Sie lassen ihre Pfannen kreisen. Wasser, Schlamm und Kalksteinchen schwappen über den Rand. »Sind wir hier auf dem Schießplatz?«, ruft Stützinger. »Ich hab' schon die zweite Pistolenkugel in der Pfanne!« Kriegserinnerungen, doch wo bleibt nur das ersehnte Gold?

Flitterchen. Immer kleiner werden die Sandhäuflein in der Mitte der Pfannen. Mit kühnem Schwung wird der letzte Rest auf den breiten Rand der Blechschüssel gespült. Feiner Kalksand und dazwischen tatsächlich zahlreiche, hauchdünne, glänzende Flitterchen. Kein Zweifel, Gold! Keine großen Klumpen zwar, dafür aber eindeutig und von Fachleuten gewaschenes Gold, von der Mineralogin Elke Eisler begutachtet, von Raimund Weible, dem kritischen Journalisten notiert und von mir im Film dokumentiert! Wir stehen staunend an der Pfanne und heißen die klitzekleinen Goldflitterchen willkommen. Die amtliche Analyse liegt wenige Tage später vor. In der Schwarzen Lauter gibt es echtes, gelbes Gold.

Auffällig hoch ist im »Goldloch-Gold« der Anteil von Silber und Kupfer. Das ergibt die fachmännische Analyse. Doch was bedeutet das? Stammt der ganze Segen am Ende von einem Zahnarzt in Böhringen, einem Dorf, dessen Sickerwasser in der Schwarzen Lauter zum Vorschein kommt? Ist ein Zahnmediziner der Herr des goldenen Schatzes? Diese Frage ist geklärt. Die Legierungen, die Zahnärzte verwenden, sind anders zusammengesetzt als das von uns gewaschene Gold. Im Übrigen sind auch schöne achtflächige Goldkristalle, Oktaeder, wie sie der Mineraloge nennt, ein Indiz für die reine Natur des Goldloch-Goldes. Und, das ergab die Recherche bei der Gemeindeverwaltung, es gibt gar keinen Zahnarzt in Römerstein-Böhringen.

An der Elsach. Auf der »anderen Seite der Alb« öffnet sich das große Tor der Falkensteiner Höhle in den Kalkfelsen des Oberjura. Der Bach, der aus der Höhle kommt, die Elsach, entspringt in einem höheren geologischen Stockwerk als die Schwarze Lauter und mündet in Urach in die Erms.

Falkenstein. Von einer Verbindung zwischen dem Goldloch und der Falkensteiner Höhle hat man immer wieder geträumt. Bis in das vorletzte

Im fernen Venezuela waschen zwei Männer mit einigem Erfolg Gold in einem Waldbach. So ähnlich wird es wohl an der Falkensteiner Höhle zur Goldwäscherzeit zugegangen sein. Gold gab es im Gegensatz zu Venezuela allenfalls in Spuren.

Man fragt sich, ob solche »Goldspinnereien« am Ende einen realen Hintergrund haben. Es müssen ja keine Klumpen sein. Beim edlen Gold ist man auch mit Flitterchen zufrieden. Schaut man sich im Land um, so sind Bäche, die ein wenig Gold führen, durchaus nicht selten. Es gibt sie im Stubensandstein, so im Goldersbach bei Bebenhausen oder im Schwäbisch-Fränkischen Wald. Nomen est omen, die Prüfung durch erfahrene Goldwäscher war im Goldersbach positiv. Im Weißen Jura wurde bisher nirgendwo Gold nachgewiesen. Dennoch haben wir uns zum Goldloch aufgemacht und mit behördlicher Genehmigung gewaschen.

Die Goldwäscher stehen mit ihren Waschpfannen im Wasser der Schwarzen Lauter, nicht weit vom Eingang des Goldlochs entfernt. Die Kamera verfolgt das Geschehen in allen Einzelheiten. Die Probe aufs Exempel steht kurz bevor. Im Bachbett wird geharkt, geschöpft und gewaschen. Oben im Bach, unmittelbar unter der Quellhöhle, steht Werner Störk aus Schopfheim im Wasser. Er ist ein erfahrener Hobby-Goldwäscher. Ein Stück bachabwärts arbeitet Hans Stützinger aus Gold-

Albgold

Jahrhundert hinein war von einer Ente die Rede, die man in die Falkensteiner Höhle habe hineinschwimmen lassen. Nach einiger Zeit sei sie im Goldloch herausgeschwommen. Hartnäckig hielt sich auch die Vorstellung, dass man hinter dem damals letzten Höhlensee in der Falkensteiner Höhle das Klappern der Mühle von Schlattstall hören könne.

Im Trockenjahr 1953 war der Spiegel des Höhlensees im Falkenstein so tief gesunken, dass ein handbreiter Spalt zwischen Höhlendecke und Wasseroberfläche entstand. Aus diesem Spalt wehte ein so heftiger Luftzug, dass sich das Wasser des Höhlensees kräuselte. Damit wurde klar, dass die Falkensteiner Höhle nicht mit dem bis dahin so bezeichneten »letzten See« zu Ende ist, sondern dass dahinter größere Hohlräume liegen.

Bei normaler Wasserführung gab es damals keinen Spalt zwischen Wasser und Fels. Das Wasser stieg dann bis zur Höhlendecke, ein Siphon bildete sich. Nur Taucher kamen hier noch weiter.

Im Herbst 1953 wurde die Tauchstrecke von Walter Eisele, Klaus Böhm und ihren Freunden erstmals bezwungen. Damit löste sich auch das

Rätsel der klappernden Mühle: Das Geräusch, das man bei niedrigem Wasserstand hören konnte, stammte vom Rauschen und Plätschern des Höhlenbachs im neu entdeckten Höhlengang, aber keinesfalls von einer Mühle. Die Höhle erwies sich als sehr viel länger, als man gedacht hatte.

Später stieß Jochen Hasenmayer, ein versierter Höhlenforscher, an die 5000 Meter weit in einen bis dahin unbekannten Höhlenbereich im Falkenstein vor. Für die lange Strecke musste er 24 Siphons durchtauchen. Gold hat er nicht gefunden, er hat es auch nicht gesucht. Das letzte Ende der Höhle wurde bisher nicht erreicht. Im grundlosen Schlamm des Höhlengangs verlieren selbst wild entschlossene Höhlenforscher die Lust am Entdecken.

Dass es Goldgräber gab, die auch in der Höhle selbst nach dem edlen Metall suchten, ist belegt. Höchstwahrscheinlich entstand durch den Schutt, den sie in den Höhlenbach schaufelten, der erste Siphon. So ist letztlich die Geschichte der Erkundung der Falkensteiner Höhle mit der Goldgräberei verbunden.

Schlattstall war dank der Wasserkraft ein Mühlendorf. Davon ist außer dem Mühlbach und einem Wasserrad nicht viel geblieben.

Die Goldsucher. Im 18. Jahrhundert wähnten sich hoffnungsvolle, goldsuchende Männer auf dem besten Weg, schnell reich zu werden. Doch der Weg zum Gold erwies sich als beschwerlich. Erstaunlicherweise gibt es keinen Hinweis darauf, dass die Männer versuchten, in der Elsach Gold zu waschen. Wohl aber gedachten sie dem störrischen Gold bergmännisch zu Leibe zu rücken. Im Kalkfels des Falkensteins versuchten die im Stollenbau unerfahrenen Männer an das begehrte Gold heranzukommen. Ein aussichtsloses Unterfangen, das seine Spuren bis heute hinterlassen hat. Wie sie überhaupt auf die Idee kamen, im Falkenstein nach Gold zu suchen, ist eine ungelöste Frage. Mag sein, dass edles Metall aus der Keltenzeit gefunden wurde oder dass sie im Wasser der Elsach einen Schimmer von Gold entdeckten. Man kann sich kaum denken, dass die Männer aus Grabenstetten ohne jede Ahnung im Falkenstein nach Gold suchten.

Das Elsachgold. Um der Sache näher zu kommen, machten wir mit unseren erfahrenen Goldwäschern auch an der oberen Elsach die Probe aufs Exempel: Nicht zu glauben, in den Waschpfannen zeigten sich winzige Goldflitterchen. Dünne Plättchen, mit bloßem Auge gerade noch wahrnehmbar. Aber eben Gold, echtes Gold, in winziger Menge.

Eisen für Gold. Die Geschichte der Goldsuche im Falkenstein ist lang. Aus der Zeit um 1770 wird berichtet, dass des Öfteren schwerbeladene Männer aus der Falkensteiner Höhle gekommen seien. Eine höchst verdächtige Angelegenheit! Die Behörden witterten, wie es sich für wache Behörden gehört, »Unrat«. So ließen sie durch einen Förster zwei Männer, die aus der Falkensteiner Höhle kamen, verhaften und deren Tragsäcke ausschütten. Geröll und Bohnerz kamen zum Vorschein. Das braune Eisenerz war damals ein unentbehrlicher Rohstoff für die Eisenhütten. Verdächtig an der

Sache war, dass der Inhalt der Säcke in die Silberraffinerie von Heidenheim gebracht werden sollte. Dort habe man, wie es hieß, aus einem Zentner Gestein mit Bohnerz ein Quäntchen Silber gewinnen können. Armen Leuten machen solche Nachrichten Hoffnung. Dass Bürger der Gold- und Silberstadt Gmünd unter den geheimnisvollen Burschen waren, erhöhte die Aufmerksamkeit nicht nur der Behörden. Die Hoffnung, edles Metall im Falkenstein-Fels zu finden, wuchs erneut.

Um 1784 gründete ein gewisser »Bergrat« Riedel, so nannte er sich selbst, eine »Bergbaugesellschaft«. Er versprach den Leuten das Blaue vom Himmel herunter. Aus einem Zentner Gestein wollte er fünf bis sechs Lot reines Edelmetall laborieren. Ein Lot entspricht 17,5 Gramm.

Mit bemerkenswerter Hartnäckigkeit hielt diese Gesellschaft an Riedels Plan fest. Zum Beweis der Glaubwürdigkeit wurde sogar eine »Schmelzprobe« vorgelegt. Danach soll im fernen Frankfurt ein Zentner »Sand« vom Falkenstein zwölf Lot Gold und drei Lot Silber erbracht haben. Diesem Ergebnis aber misstrauten die württembergischen Behörden. Angewiesen durch das Amt Neuffen wurde durch »zwei vertraute, ehrliche und verständige Personen eine starke Schachtel« mit eben solchem Sand gefüllt und fachkundig geprüft.

Nach einem am 21. Oktober 1786 ausgefertigten Zeugnis wurde der Falkensteiner Sand weder als »silber- noch goldhältig« befunden. Zum Schaden hatten die Goldgräber nun auch noch den Spott.

Ob zu Recht oder nicht zu Recht, das ist die Frage. Offenbar hatten wir bei den Dreharbeiten zu unserem »Albgold-Film« das besondere Glück, Goldflitterchen im Quellbereich der Elsach nachzuweisen. Bei einem weiteren Versuch, das »Albgold« im Fernsehen vorzuführen, ging es uns wie den Goldsuchern aus vergangenen Tagen: Kein Gold weit und breit. Auch wir waren enttäuscht und suchten nach einer Erklärung. Die unterschiedlich starke Schüttung des Höhlenbachs dürfte verantwortlich sein für den Goldgehalt im Wasser der Elsachquelle. So kann man sich denken, dass bei starker Schüttung Goldflitterchen mit dem Wasser des Bachs weiter talabwärts mitgerissen werden. Bei unserem letzten Besuch trafen wir eine sehr schwache Schüttung der Quelle an. Es ist denkbar, dass das Gold unter diesen Umständen irgendwo im Falkenstein hängen bleibt.

Bohnerz und das Erzmännle. Bereits im 14. Jahrhundert entwickelte sich am oberen Kocher und im Brenztal eine »Eisenindustrie«, die mit Bohnerz versorgt sein wollte. An die Zeit des »Bohnerzrausches« erinnern Sagen wie die vom »Nattheimer Erzmännle«. Aufgelassene Bohnerzgruben sind auf der Ostalb nicht selten. Die Suche nach wertvollem Erz hat die Leute auf der Alb lange nicht losgelassen. Wohl bekannt ist die Wagnersgrube bei Nattheim, heute ein stiller, dunkler Waldsee. An ihn knüpft sich die Sage vom Erzmännle, einem bösen und rachsüchtigen Berggeist:

Ihm gab man die Schuld, dass Bergleute auf sonderbare Weise spurlos verschwanden. Das böse Erzmännle wollte den Raub seiner Schätze nicht länger dulden. Das geheimnisvolle Männlein wollten auch einige Arbeiter gesehen haben: einen Zwerg mit langer, spitzer Nase, feuerroten Zottelhaaren und einer kleinen, giftgrünen Zipfelmütze.

Um die Bergleute zu erschrecken und damit zu warnen, führte der Gnom wilde Tänze auf. Keiner der Erzschürfer war danach noch bereit, in die Grube zu steigen. Nur ein junger, hübscher Bursche aus Nattheim, ein überall beliebtes Kind armer Köhlersleute, ging trotz allem dem Bergbau nach. Er dachte wohl auch an seine arme, pflegebedürftige Mutter.

Grausige Sagen, wie die um das Nattheimer Erzmännle, zeugen von der gefahrvollen Arbeit im Bohnerzschacht.

Links: Der geschliffene Böttinger »Marmor« ist ein Schmuckstück im Marmorsaal des Neuen Schlosses in Stuttgart. Die Bänderung, wie sie beim Schleifen sichtbar wird, weist auf schwankende Temperatur hin. Rechts: Im Steinbruch wurde der rostrote »Vulkanmarmor« abgebaut.

Das Erzmännle war diesem anständigen jungen Mann nicht weiter im Weg. Es zeigte sich nicht mehr. Die Grube wurde tiefer und tiefer und die Arbeit gefährlicher, aber weil das Erz eben das beste weit und breit war, stieg der Jüngling Tag für Tag in den Schacht. Das Ende kam mit Schrecken: Der Schacht brach zusammen, aus der Tiefe quoll schwarzes Wasser auf. Der Junge blieb verschollen. Auch dem Erzmännle ist seither keiner mehr begegnet.

Eisenerz zu suchen und zu sammeln war zu jener Zeit in weiten Teilen der Alb an der Tagesordnung, vor allem auf der Ostalb. Die Eisenhütten im Brenztal waren damals auf dieses Erz angewiesen. Auch die Holzkohle für die Verhüttung des Erzes wurde von der Alb geliefert, sehr zum Schaden der Wälder.

Gold aus der Tiefe. Wasser, in dem viel CO_2 gelöst ist, spielt offenbar bei der Anreicherung von Gold in der tieferen Erdkruste eine Rolle. Abbauwürdig ist Gold, wenn mindestens ein Gramm Gold pro Tonne Gestein vorhanden ist. Erz von fünf bis zehn Gramm Gold pro Tonne ist häufig mit Basalt, einem typischen Gestein der tieferen Erdkruste vergesellschaftet. Hoffnungsvolle Lagerstätten gibt es zum Beispiel in Westaustralien und Kalifornien. Gold, das in vielen Gesteinen in Spuren vorkommt, wird unter hohem Druck zusammen mit Wasser und CO_2 transportiert und bildet schließlich Goldlagerstätten. Einige 10 000 Jahre sind für die Bildung von Goldlagerstätten allerdings notwendig. Den australischen Geochemikern Phillips und Evans verdanken wir neue Einsichten über die Entwicklung von Goldlagerstätten.

Vulkanisches Gold. Wenn das Gold aus den Albbächen nicht aus dem Urgestein, dem Schwarzwaldgranit stammt, woher denn dann? Aus dem Keuper, aus dem Stubensandstein wie am Goldersbach oder im Goldbödele bei Waldenburg. Aber auch dieses Gold stammt letztlich aus dem Grundgebirge, in großer Tiefe.

Es gibt auch andere Erklärungen für die Herkunft des Goldes. Könnte es sein, dass der eine oder andere Schlot der Albvulkane heimliche Goldlieferanten sind? Dass bei vulkanischen Explosionen nicht selten Gold im Spiel is, weiß man. Es stammt zumindest aus dem oberen Erdmantel, aus einer Tiefe von um die 100 Kilometer. Dass Vulkane Gold »spucken« können, ist schon seit geraumer Zeit bekannt. Einer der Vertreter dieser Goldlieferanten ist der Mt. Erebus in der Antarktis.

In zunehmendem Maße gelten auch heiße Quellen als goldverdächtig. Ob der eine oder andere Schlot der Mittleren Alb Gold führt, ist bisher nicht bekannt. Einer mindestens dürfte die genannten Bedingungen erfüllen. Seine tiefen Wurzeln reichen bis in den Erdmantel hinab. Der durch Eisenverbindungen rostrot gebänderte Sinterkalk des Böttinger »Marmors« ist gemeint. Er ist der hoffnungsvollste Kandidat. Sein Kalk wurde im heißen Wasser, möglicherweise eines Geysirs, abgelagert. Warum soll in Böttingen nicht auch ein bisschen Gold im Marmorkalk versteckt sein? Warum soll nicht, was für die Geysire Neuseelands gilt, für den alten Kameraden von der Alb gelten? Damit würde er seiner neuen Rolle als Wandbelag im Marmorsaal des Neuen Schlosses in Stuttgart ganz und gar gerecht.

Vom Geysirfeld zum Goldbergwerk. In jüngerer Zeit tun sich neue Wege zum begehrten Gold auf. Es gibt Zusammenhänge, an die man früher nicht zu denken wagte. Goldvorkommen und vulkanische Aktivitäten können unmittelbar zusammenhängen. Interessanterweise ist dabei nicht Glutfluss der entscheidende Faktor, sondern hoch erhitztes Wasser, in dem CO_2 gelöst ist, das mit 400 Grad Celsius unter großem Druck Gold aus magmatischen Gesteinen herauslöst.

Wie extrem die Bedingungen bei der Bildung von Goldlagerstätten sein können, zeigt sich an einem geothermischen Kraftwerk Neuseelands, in Ohaaki. Dort weist das Wasser in einer Tiefe von 150 Metern bereits eine Temperatur von 265 Grad auf. Der Druck beträgt 50 bar. Sobald Wasser aus den tief hinabreichenden Spalten aufsteigt und der Druck deshalb abnimmt, kommt es zum Sieden. Dabei wird gelöstes Gold ausgeschieden. Fachleute bezeichnen diese geothermischen Systeme als die bedeutenden Goldvorkommen der Zukunft.

Zu großen Hoffnungen im Bereich der Schwäbischen Alb besteht bisher kein Anlass. Schon jetzt Claims für die Goldsuche abzustecken, ist nicht empfehlenswert.

Vorsicht ist allerdings immer geboten, wie lässt es doch Goethe sein Gretchen sagen: »Nach Golde drängt, am Golde hängt doch alles! Oh, wir Armen!«

Strokkur, ein Geysir auf Island, jagt recht regelmäßig eine Heißwasserfontäne in die Höhe. Der Goldsegen allerdings lässt auf sich warten.

Berge und Burgen der Kelten

Die Teck, 775 m über N. N., ist ein herausragender Inselberg an der Neckarfront der Mittleren Alb. Ihr Name ist gewiss nicht germanischen, sondern eher keltischen Ursprungs. Die Gelehrten sind sich darin aber nicht völlig einig. Grabhügel auf dem Hochplateau des Teckbergs stammen mit hoher Wahrscheinlichkeit aus der Hallstattzeit. Dass es überdies auf der Hochfläche ein Brünnlein gibt, das auch »Herzogsbrünnele« genannt wird, spricht dafür, dass der Teckberg während der Keltenzeit besiedelbar war. In unseren Tagen steht die Teck unter Schutz. Nach einem heftigen Hin und Her, das auch den Landtag von Baden-Württemberg beschäftigte, wurde das »Schutzgebiet Teck« durch die Streuobstwiesen der Stadt Owen ganz wesentlich bereichert. Damit ist der ganze Teckberg ein Paradestück des Naturschutzes in unserem dicht besiedelten Raum.

Der Hohenneuffen, 743 m über N. N., ist der markanteste Auslieger der »Erkenbrechtsweiler Berghalbinsel«. Nicht weit von der Burgruine gibt es eine »Keltische Viereckschanze«, wenn es wirklich eine ist. Die Geister scheiden sich. Lange Jahre gab es keinen Zweifel am hohen Alter der Schanze. In jüngerer Zeit denkt man auch daran, dass die Schanze sehr viel später von Belagerern der Burg Hohenneuffen genutzt und wo nötig ausgebaut wurde. Die militärische Führung wird ein vorhandenes Wallsystem an einem günstigen Platz nicht einfach links liegen lassen, sondern nutzen.

Dass es auch auf dem Hohenneuffen erfindungsreiche Mannen gab, zeigt eine einst weit verbreitete Legende: Nach monatelanger Belagerung gingen auf dem Hohenneuffen Wasser und Nahrung zu Ende. Selbst alle Hunde und Katzen waren schon verspeist, übrig blieb ein alter, klappriger Esel, der jahrelang treue Dienste geleistet hatte. Aber, Not kennt kein Gebot, der Esel wurde geschlachtet und das mit einem hinterlistigen Plan: Ein besonders Schlauer unter der Besatzung der Burg hatte eine Idee. Vor dem Schlachten wurde der Esel mit dem letzten Korn gefüttert, dann wurde der volle Magen über die Mauern der

Gegenüberliegende Seite: Die Inselberge der Alb sind fast durchweg »Keltenberge«. Den Römern bedeuteten sie wenig, sie hatten wehrhafte Kastelle. Unten: Das Hohmichele auf der südlichen Alb ist ein Grabhügel aus keltischer Zeit.

ist, denken? War das ein Ziehbrunnen, eine Abfallgrube oder gar ein Opferschacht? Wir wissen es nicht. Eines allerdings ist sicher, von der »Neuffenschanze« aus hätte man, wäre der Wald abgeholzt, eine gute Übersicht, und trinkbares Wasser aus dem Molach, einem Teich über wasserstauendem vulkanischem Untergrund, gab es in der Nähe.

Der Heidengraben. Ein Stück südlich der Viereckschanze liegt das größte Siedlungs- und Befestigungssystem aus keltischer Zeit, der »Heidengraben«. Die durch Wall und Graben geschützte Fläche umfasst mehr als 16 Quadratkilometer. Sie liegt zwischen den Tälern der Lenninger Lauter im Osten und der Erms mit ihren Nebenflüssen im Westen. Alle fließen sie, wie auch die Steinach bei Neuffen, dem Neckar zu. Der »Heidengraben« umschließt und schützt die größte keltische Siedlung in Deutschland. Sieben Tore ermöglichten den Zugang zum Oppidum, der »Stadt«. Die Gemeinden unserer Tage, Erkenbrechtsweiler und Grabenstetten, liegen innerhalb des keltischen Verteidigungssystems. Die Wahl dieses Siedlungsplatzes hängt ganz wesentlich mit der Wasserversorgung zusammen. Beide Dörfer liegen nicht zufällig auf einem wasserstauenden Vulkanschlot, der eine Grundversorgung garantierte. In heißen Sommern allerdings mussten die Bauern Trinkwasser für Mensch und Tier in Wasserfässern aus den Tälern in ihre Dörfer schaffen.

Am Erkenbrechtsweiler Tor machte man einen überraschenden Fund: Dort lagen zahlreiche Schuhnägel, ziemlich abgewetzte Exemplare, die ein Schuster wohl aus dem Leder gezogen hat. Wem die Schuhe gehörten, ist nicht sicher. Einheimische Kelten oder auch römische Soldaten könnten sie getragen haben. Übrigens führt der Anstieg zu diesem Tor vom Lautertal über die Brücke bei Brucken durch den Wald hinauf zur Hochfläche. Interessanterweise gibt es unterhalb des Traufs eine Quelle, auch sie liegt über einem Vulkanschlot und liefert bis heute Wasser für Mensch und Tier.

Der Siedlungsbereich, »Elsachstadt« genannt, liegt innerhalb des Heidengrabens nahe Grabenstetten. Ein zweifacher Wall und dazwischen ein Graben schützte die Siedlung vor Angriffen durch Berittene. Die stämmigen, aber kleinen Pferde jener Zeit wären an dieser Verteidigungsanlage gescheitert.

Das Molach könnte ein Wasserreservoir für die Viereckschanze gewesen sein.

Burg ins feindliche Lager katapultiert. Die Wirkung übertraf alle Hoffnungen. Der Eselsmagen löste bei den Belagerern Schreie des Entsetzens aus. Eine Burg, die ihre Esel noch mit Korn füttern konnte, war nicht auszuhungern. Die Belagerer zogen ab, der Spottname »Esel« aber blieb an den Neuffenern lange hängen.

Wenn vor Zeiten junge Burschen die Absicht hatten, in Neuffen eine Schlägerei zu veranstalten, brauchten sie nur Taschentuchzipfel aus der Hosentasche hängen zu lassen, ein Eselsohr.

Viereckschanzen. In Bayern und Baden-Württemberg gibt es zusammen mindestens 300. Wenn man nur wüsste, welchem Zweck diese Anlagen wirklich dienten: dem Schutz eines herrschaftlichen Bauernhofs? Dafür spricht manches. Oder waren die Schanzen kultische Plätze? Sicher ist man bis heute nicht. Was soll man, um nur ein Beispiel zu nennen, von einem bis zu 30 Meter tiefen Schacht, wie er innerhalb der Schanze zu finden

Links oben und unten: Viel später, erst im Mittelalter, entstanden Burgen wie die auf dem Hohenneuffen. Nicht selten wurden sie auf keltischem Grund gebaut.

Rechts oben: Nicht weit von Grabenstetten fand man Reste von Wohnbauten und kellerähnlichen Einrichtungen.

Rechts unten: Arme Leute waren die keltischen Fürsten offenbar nicht. Das zeigt unter anderem das Fürstengrab von Eberdingen-Hochdorf.

Der Handel mit der Welt blühte. So fand man einen »Drehmühlenstein« aus dem rötlichen Vulkangestein Porphyr, der mit Sicherheit aus dem südwestlichen Odenwald stammt. 160 Kilometer trennen den Fundort im Heidengraben vom Steinbruch im Odenwald. Inzwischen fand man auf dem Transportweg weitere Mühlsteine. Sie sind ein sicherer Hinweis dafür, dass es zur spätkeltischen Zeit eine regelrechte Steinindustrie und einen entsprechenden Handel mit Drehmühlsteinen gab. Vergleichbare Handelsbeziehungen entwickelten sich auch für Töpfer- und Eisenwaren, für Salz und Rohbernstein. Ihre Produkte tauschten die Kelten offenbar gerne gegen gefüllte Weinamphoren aus den Ländern am Mittelmeer ein. Ein derart aus-

geprägter Fernhandel kann sich nur in friedlichen Zeiten entwickeln. Das gilt für die lange Zeit, in der die Kelten hier siedelten.

Arme Leute waren die Kelten gewiss nicht, vor allem nicht die vornehmen Leute. So spielte bei ihnen edles Gold eine bedeutende Rolle. Ihre schönsten Münzen waren die goldenen »Regenbogenschüsselchen«, wie man sie später nannte. Das Edelmetall hat sich bis in unsere Zeit hinein wunderbar erhalten und nicht an Wert verloren. Das eine oder andere Schüsselchen hat man gelegentlich auf den Äckern im Bereich des Heidengrabens gefunden. Ein Geheimnis rankt sich um die goldenen Münzen. Der Regenbogen soll sich von einem Goldschüsselchen zum anderen wölben. Ein Zeichen des Himmels. In manchen Gräbern keltischer Fürsten hat man die goldenen Regenbogenschüsselchen in großer Zahl gefunden. Der Brauch, den Toten nicht nur Speis und Trank, sondern auch Reisegeld auf den Weg ins nächste Leben mitzugeben, entspricht den religiösen Vorstellungen der Kelten.

Bei Hochdorf im Blickfeld des Aspergs wurde ein überaus reiches Fürstengrab aus keltischer Zeit im Jahr 1978 mit großer Sorgfalt ausgegraben. Heute sind die Funde in einem bemerkenswerten Museum zu sehen. Ein Höhepunkt ist zweifellos das in allen Details konstruierte Fürstengrab mit der Kline, der reich verzierten Totenliege, die von acht »Klinenträgern«, Figuren auf Einrädern, getragen wird. Ein Prunkwagen und ein Pferdegespann, dazu ein gewaltiger Bronzekessel für erhebliche Mengen Met dürfen als Zeichen der großen Bedeutung des Verstorbenen aus keltischer Zeit gelten. Verzierte Trinkhörner hängen an der Kammerwand. Auch sie sind Zeichen des Wohlstands. Das Grab des Hochdorfer Keltenfürsten ist weit über die Grenzen des Landes hinaus berühmt.

Grabhügel aus der Keltenzeit. Um die 30 Burren, so nennt man auf der Alb die Grabhügel aus keltischer Zeit, sind im Bereich des Burrenhofs bekannt. Jahrhundertelang wurden diese heiligen

Plätze respektiert. Dem modernen Straßenbau und der Flurbereinigung blieb es vorbehalten, »Kleinigkeiten« wie die Burren aus dem Weg zu räumen. Bis auf wenige Hügel in der Nähe des Burrenhofs wurde alles plattgemacht. Das gilt auch für die Erdfälle, Dolinen, von denen man annehmen darf, dass sie zur Keltenzeit ebenfalls von Bedeutung waren, möglicherweise als Zugang zu einer unterirdischen Welt, einer Höhlenwelt. 2000 Jahre hatte das Gräberfeld Bestand. Es bleibt zu hoffen, dass der Rest unsere ach so reinliche Zeit schadlos übersteht.

Der Ipf am Rand des Ries war einst ein wichtiges Handelszentrum, vor allem in der Zeit der Kelten. Der 668 Meter hohe Ipf ist ein Auslegerberg der Ostalb. Die Schichten seines Gipfels gehören dem Oberjura an. Nahezu kahl ist der Ipf in unseren Tagen. Damit sind die Spuren der keltischen Geschichte deutlicher erkennbar als anderswo. Erdwälle aus der Keltenzeit fallen ganz besonders auf. So umschließt ein mächtiger Ringwall das 2,3 Hektar große Gipfelplateau. Meterdicke Kulturschichten in der »Unterburg« werden von Wall und Graben umschlossen.

Den ersten Anstoß einer genaueren archäologischen Betrachtung des Ipfbergs und seiner Schätze lieferte ein fleißiger Maulwurf. 1969 kam in seinem Hügel eine kleine attische Keramikscheibe ans

Tageslicht. Funde auf den Spuren des schwarzen Wühlers führten zu einem beachtenswerten Ergebnis. Kannte man bisher nur eine einzige Scherbe eines griechischen Tongefäßes, so sind es jetzt mindestens acht aus dem sechsten und fünften Jahrhundert vor Christus. »Kleine Fragmente von großer Bedeutung«, so Dieter Kapff in der Stuttgarter Zeitung vom 22. Oktober 2007.

In den letzten Jahren haben die Archäologen mehr als zwei Dutzend attischer Scherben geborgen. Die Archäologin Elke Böhr aus Wiesbaden, eine Spezialistin für altgriechische Keramik, hat die mitunter nur wenige Quadratzentimeter großen Bruchstücke von Trinkschalen, Vorratsgefäßen, Schöpfkellen und Serviergefäßen identifiziert. Man kann sich nun recht genau vorstellen, wie im Jahr 560 v. Chr. sowohl in Athen als auch auf dem Ipf getafelt und gebechert wurde. Ein Mischgefäß für Wein und Wasser stammt aus jener Zeit. Ob die Damen und Herren auf dem

Ipf sich damals die Mühe gemacht haben, wie die Griechen den Wein mit Wasser zu verdünnen, ist allerdings nicht überliefert.

Im Gebiet der Unterburg, die ebenfalls durch Wall und Graben abgesichert war, gab es zur Keltenzeit 60 mal 60 Meter große »Viereckhöfe«. Weitere Beispiele für die immer noch rätselhaften Viereckschanzen. Man pflegte von diesem Berg aus weitreichende Handelsbeziehungen.

Am Goldberg, nur vier Kilometer vom Ipf entfernt, gab es zur Keltenzeit ein weiteres, bedeutendes Handelszentrum. Dies gilt insbesondere für Eisenwaren, wie sie die Kelten mit großem Geschick fertigten.

Die weite Riesebene erleichterte die Anlage von Handelswegen. Mit dem Tal der Wörnitz gab es zudem eine Pforte nach Süden zur Donau hin. Damit wurde eine ganz wesentliche Verbindung zu den Ländern entlang des großen Flusses bis zu den griechischen Siedlungen am Schwarzen Meer möglich.

Einer der markantesten Keltenberge ist zweifellos der Ipf bei Bopfingen. Auffällig sind die umfassenden Wallanlagen und das Gipfelplateau.

Auch das Flussgebiet von Inn und Salzach dürfte beim Handel mit südlichen Völkern eine Rolle gespielt haben: Das feine Speisesalz aus den Gruben des Salzkammerguts war hochbegehrt. Im Tauschhandel mit Keramik und Wein war das Salz aus den Ostalpen von erheblicher Bedeutung. Handelswege, die auch das westliche Mittelmeer erreichten, gab es mit Sicherheit von der Heuneburg an der oberen Donau aus. Dort sind die Hinweise auf römische und griechische Waren und damit die engen Handelsbeziehungen unübersehbar.

Der Rosenstein, ein massiger Fels im Oberjura, erreicht über der Stadt Heubach 735 m über N. N. Dieser Berg ist eine der markantesten keltischen Bastionen der östlichen Alb. Die Höhlen im Kalkfels waren schon lange, bevor die Kelten kamen und Burgen bauten, ein Unterschlupf und Wohnplatz für die Jäger der Steinzeit. Es wäre ein Wunder, hätten die Kelten den Rosenstein übersehen, ist er doch wie geschaffen als Kernstück einer Festung. So wurde der schmale Zugang zur Albhochfläche zur Keltenzeit mehrfach durch Wall und Graben gesichert. Am Ende blieb aber von den keltischen Bauten auf dem Rosenstein kaum mehr als die Erinnerung.

Die Raubritter, die im 12. Jahrhundert vom Rosenstein aus die Handelswege unsicher machten, hinterließen nur dürftige Spuren.

Die Keltenberge bilden dem nördlichen Albtrauf entlang eine lange Kette: auf Ipf, Goldberg und Rosenstein folgen Teck, Hohenneuffen, Gräbelesberg und Lochen, danach Lemberg und Dreifaltigkeitsberg und wie als Schlussstein im äußersten Südwesten der Alb der Küssaberg.

Der Gräbelesberg trägt seinen Namen sehr zu Recht. In schwäbischer Mundart wird auf mehrere kleine Gräben hingewiesen, weniger auf hohe Wälle und trutzige Mauern; ein Gräbele ist nämlich ein kleiner bis winzig kleiner Graben. Bis heute liegt das im Schwabenland von Kleinkindern umkämpfte »Gräbele« zwischen den elterlichen Betten, ein bedeutender, weil sicherer Platz.

Der Gräbelesberg ist eine bemerkenswerte Felsbastion, die in eine Höhe von 915 m über N. N. im Oberjura aufsteigt. Hoch über dem Flüsschen Eyach ist auch dieser Keltenberg durch mehrere Wälle und Gräben vom Albkörper getrennt, daher der Name.

Für die Gämsen, die vom oberen Donautal quer über die Alb gewandert sind, waren die Gräbele des Bergs kein Hindernis. An der Donau, unterhalb von Schloss Bronnen und an den Schutthalden der Felsen gegenüber, sind sie längst heimisch geworden. Franz Stehle vom »Jägerhaus« hat enge Beziehungen zu seinen Gämsen aufgenommen: »Geschdern waret se bloß fufzig Schridd weit vom Haus weg en meim Garda.« Keine reine Freude, aber immerhin, die Beziehung zwischen Wildtier und Mensch ist bemerkenswert gut.

Der Lochen, 963 m über N. N., bietet eine grandiose Rundumsicht. Für Beobachtungs-, Verteidigungs- oder Signalpositionen denkbar gut geeignet. Der Dreifaltigkeitsberg, 983 m hoch, ist in unseren Tagen ein beliebter Platz, nicht zuletzt bei den Segelfliegern. Hören sie die Wörter »Klippeneck« und »Flugplatz«, so kommen sie ins

36

Schwärmen. Der Berg selbst zeichnet sich durch ein ausgeprägtes Hochplateau und steile Flanken aus. Mehrere keltische Wallsysteme schließen den über einen Kilometer weit vorspringenden Bergsporn zur Albhochfläche hin ab.

Deutlichere Spuren der Keltenzeit sind im Klettgau zu erkennen. Die Pforte zwischen Schwarzwald und Alb war schon für die Menschen der Steinzeit interessant und sehr viel später die Kelten, Römer und Germanen.

Der Küssaberg, 934 m über N. N., ist der südwestliche Eckpfeiler der Alb. Die Landschaft wird Klettgaualb genannt. Dem keltischen Gallien lag dieser rechtsrheinische Landstrich besonders nahe, sodass man sich sehr wohl vorstellen kann, dass dort die Kelten wichtige Handelsplätze unterhielten. Keltische Reiter aus Gallien, die den Römern als Hilfstruppen zur Seite standen, fanden sich häufiger am Küssaberg ein. Dies belegt auch der Fund eines vollständig erhaltenen Skeletts einer stämmigen, kleinwüchsigen Pferderasse, wie sie die gallischen Hilfstruppen der Römer züchteten.

Vor allem in der Umgebung des frührömischen Lagers von Dangstetten, nicht fern vom Küssaberg, gab es wohl auch ständige Kontakte zu den römisch-gallischen Handelsfreunden. Dies belegen unter anderem dreikantige Pfeilspitzen und feingewirkte Panzerhemden, wie sie vor allem orientalischen Bogenschützen als Körperschutz dienten. Auch Schmuckstücke und Keramik wurden geborgen. Vieles stammt, wie so oft, aus der Werkstatt keltischer Handwerker, die im Umfeld des Küssabergs lebten.

Die Küssaburg. Mit dem Bau der Küssaburg geht die geschichtslose Zeit im Klettgau zu Ende. Mag sein, dass die Römer schon einen Wachturm auf dem Berg unterhielten. Urkundlich erwähnt wird die Küssaburg zum ersten Mal im 12. Jahrhundert. Danach erfolgten Umbauten und Neubauten. Den Dreißigjährigen Krieg hat die Burg allerdings nicht überstanden. Sie wurde nahezu völlig zerstört, als die Schweden unter ihrem General Horn anrückten. Die Besatzung selbst steckte die Küssaburg in Brand. Mag sein, dass man dem Feind nur verbrannte Erde überlassen wollte. Übrig blieb: »die schönste Ruine der Alb«.

Die stadtähnlichen Siedlungen der Kelten auf der Alb und ihrem Vorland sollen nicht vergessen sein. Weltweit bekannt ist die Heuneburg bei Hundersingen hoch über der jungen Donau. Teile der wieder errichteten Mauer, mit weißem Kalk verputzt, sind weithin sichtbar. Bemerkenswert ist die Blickverbindung zwischen Heuneburg und Bussen, der vorgelagerte Berg dürfte als »Signalturm« eine Rolle gespielt haben. Vom Bussen aus hat man Sichtverbindung bis zur Münsinger Alb und zum Rossberg.

Die Siedlung im Bereich der Heuneburg war wohl keine Großstadt, sondern eine Ansammlung von Weilern. Bemerkenswert sind die Funde, die man im »Hohmichele«, dem größten Grabhügel nahe der Heuneburg, aufdeckte. Große Bedeutung in der Keltenzeit hatten auch freistehende Berge in den Durchgangstälern der Alb, so der Runde Berg nicht weit von Urach oder die Limburg bei Weilheim. Auch dort sind die Spuren aus keltischer Zeit unübersehbar. Andererseits stieß man auch in den Tälern, so im Untergrund der Stadt Urach, auf Zeugnisse der Keltenzeit. Auf dem Runden Berg ließen sich nach den Kelten die Germanen vom Stamm der Alamannen nieder.

Warum verließen die Kelten die Alb, die so lange ihre Heimat war? Eine Klimadepression, schlechte Ernten und Seuchen, oder waren es gar die schlim-

Der Rosenstein wirkt bis heute wie eine massive Felsburg.

Oben: Ein Luftbild der Heuneburg zeigt das frühe Industrie- und Handelszentrum an der Donau. Die weißen Flächen sind auf die jüngsten Um- und Aufbauarbeiten am Freilichtmuseum zurückzuführen. Gegenüberliegende Seite: Über den Runden Berg hinweg geht der Blick auf die Erkenbrechtsweiler Halbinsel. Ganz links im Bild Burg Hohenneuffen

men Nachrichten von der Niederlage der gallischen Brüder unter ihrem Feldherrn Vercingetorix? Im Jahr 52 v. Chr. hatte Gaius Julius Caesar, der geniale Kriegsherr der Römer, die Kelten bei Alesia vernichtend geschlagen.

Schlechte Nachrichten also!

Man kann sich sehr wohl vorstellen, dass nach den Niederlagen der keltischen Stämme im heutigen Frankreich und in Britannien die rechtsrheinischen Kelten das Vertrauen in ihre Kampfkraft und die Qualität ihrer Verteidigungsanlagen verloren. Viele Kelten verließen in den Jahrzehnten nach Caesar ihr Stammland. Einige aber blieben, wie so oft in der Geschichte, sogar nach einem verlorenen Krieg ihrer geliebten Heimat treu. Dennoch gab es Platz für Neusiedler, die Sueben.

Die Schwaben kommen. Der Stamm der Alamannen, Sueben, später Schwaben genannt, traf bei seiner Ankunft im Südwesten hinter dem Limes auf dünn besiedeltes Land. Die römischen Herren hatten die Lust am Decumatland, dem Land nördlich der Alpen, offenbar verloren. Manche Ortsnamen wie Beuren, Büren, Beuron, aber auch Endungen wie -hausen und -hofen dürften an die friedliche Begegnung der Alamannen mit keltischen Bauern und deren Höfen und Häusern erinnern.

Am hergebrachten Bild blutiger Auseinandersetzungen am Limes sollte man nicht festhalten, der Abzug der Kelten und die Ankunft der Germanen war von keiner Massenschlacht begleitet.

Auch die Sippen landsuchender alamannischer Bauern wussten sehr wahrscheinlich, dass der friedliche Kontakt mit den im Land verbliebenen Kelten zu ihrem Vorteil war. Wahrscheinlich schätzten die Germanen an den Kelten deren handwerkliche Fertigkeiten, ganz besonders die hohe Kunst der Eisengewinnung und der Eisenverarbeitung.

Zusammenarbeit war das Gebot für den Erfolg. Die Zuwanderer suchten sich möglichst gute Siedlungsplätze wie grasreiche Wiesen, Ackerland und lichte Weidewälder nicht allzu fern von Wasser. Häufig benannten sie die gewählten Plätze nach ihren »Anführern«. So heißt wohl Nürtingen nach einem Nurito, nach Sigimar Sigmaringen, ob der Tübinger Obergermane Tübo hieß, lässt sich nicht mehr ergründen. Der Reutlinger Vorreiter dürfte ein Reuto oder Reutilo gewesen sein. Die Esslinger haben einen Ezillo anzubieten. »Ingen« so meint man, bedeutet so viel wie Gemeinschaft, Verband oder Sippe. Stuttgart war damals noch nicht erfunden.

Manche Flüsse und Berge auf der Alb tragen Namen, die mindestens bis in die Keltenzeit zurückreichen. Sie sind schwer, oft gar nicht zu deuten. Wahrscheinlich handelt es sich um alte, heilige Orte. Namen also, an denen man besser festhält; wer legt sich schon gern mit Geistern und Göttern an. Ipf, Teck, Neuffen, Jusi, Echaz und Erms seien als weitere Beispiele genannt.

Die Franken. Nach einer Zeit friedlichen Zusammenlebens kam es immer häufiger zu Meinungsverschiedenheiten und Streitereien zwischen den einsickernden Franken und den mittlerweile ansässig gewordenen Schwaben, die einen entsetzlichen Höhepunkt im »Blutbad von Cannstatt« fanden. Die eingeladenen Anführer der Alamannen wurden heimtückisch niedergemacht. Fränkische Adlige besetzten die frei gewordenen Positionen und nahmen sich in der folgenden Zeit die wichtigen Berge und Städte. So nicht nur den Runden Berg bei Urach, sondern auch Urach und den Hohenurach dazu.

Die Sueben dehnten ihr Territorium nach Süden in die heutige Schweiz hinein bis zum Lago Maggiore und über den Rhein hinüber bis in die Vogesen. Der Lech und der Arlberg dürfen ungefähr als Ostgrenze der suebischen Besiedlung gelten.

Die »Schwäbischen Tausender«

In früheren Zeiten lernten unsere Schüler schon im ersten Schuljahr, dass der höchste Berg der Alb Lemberg heißt. Er erreicht 1015 Meter über dem Meer. Das Jurameer kommt dafür nicht in Frage, auch nicht das Mittelmeer, sondern der Spiegel der Nordsee gilt in unseren Breiten als Basis der Höhenmessung.

Der Lemberg würde nicht weiter auffallen, wenn er nicht ein bisschen höher wäre als die anderen Berge im Südwesten der Alb. Er ist bewaldet und zeigt keine schroffen Kanten wie die Achalm, der Hohenneuffen oder der Rosenstein. Wo gibt es sonst aber noch so wunderschön gewachsene Schwarzwaldtannen wie ausgerechnet im Südwesten der Schwäbischen Alb, auf dem Lemberg. Schwarzwaldtannen, auch Weißtannen genannt, und Fichten, die man auch Rottannen nennt, lassen sich leicht unterscheiden. Die Weißtanne trägt ihre Zapfen senkrecht nach oben, bei der Fichte, hängen sie nach unten.

Unbehindert ist der Blick vom 33 Meter hohen Turm, einem Gittermast, zum Schwarzwald hinüber, bis zum Feldberg und nach Norden zur Hornisgrinde. Im Süden zeigen die schneebedeckten Schweizer Alpenberge, dass sie doch viel höher sind. Dem Albtrauf entlang reicht der Blick über die »Schwäbischen Tausender« hinweg bis zur markanten Kontur des Hohenzollern.

Aus der Geschichte ist zu vermerken, dass auch auf dem Lemberg die Kelten ihre Spuren hinterlassen haben: Reste von Mauern und Gräben.

Nahezu alle Berge der Schwäbischen Alb, die höher sind als 1000 Meter, liegen ziemlich nahe beisammen, auf einem Gebiet von allenfalls 20 Quadratkilometern. Die nächst gelegene größere Stadt ist Spaichingen. Einer, der Schafberg mit 1000 Metern, ist ein Einzelgänger in der Nähe von Balingen.

Gegenüberliegende Seite: Die Balinger Albberge reichen nahe an die Tausend-Meter-Grenze heran. Unten: Die Quelle der Schmiecha liegt erstaunlich nahe am Albtrauf, aber immer noch fließt ihr Wasser der Donau und damit dem Schwarzen Meer zu.

Die Alb-Tausender

Lemberg	1015 m
Oberhohenberg	1011 m
Hochberg	1009 m
Wandbühl	1007 m
Montschenloch	1004 m
Plettenberg	1002 m
Bol	1002 m
Rainen	1002 m
Hochwald	1002 m
Hummelsberg	1002 m
Kehlen	1001 m

Dem Außenseiter Schafberg bei Balingen werden exakt 1000 Meter zugemessen.

Im Vergleich zu den markanten Bergen zwischen Ipf und Lochen fallen die höchsten »Buckel« der Südwestalb kaum auf; sie scheinen sich in ihren Wäldern zu verstecken. Aber der Erosion sind auch

Schafe halten den Graswuchs kurz. Das schätzen die Segelflieger vom Klippeneck.

sie gnadenlos ausgesetzt. Einst war die Donau der weit ausgreifende Strom, dessen Zuflüsse aus dem Schwarzwald kamen und aus den Mittelgebirgen nördlich der Alb. Heute hat der Rhein den weitaus größten Teil des Einzugsgebiets der Donau erobert. Dennoch, der »Kampf« um die Wasserscheide ist keineswegs zu Ende. Das Flusssystem mit dem kürzesten Weg zum Meer wird auf Dauer siegen. Im Übrigen ist ein älteres, donauwärts gerichtetes Flusssystem nicht zuletzt an den Trockentälern, die es auf der Alb gibt, wie auch am Verlauf mancher Höhlen noch immer zu erkennen.

Wer in der Gegend von Onstmettingen, nicht weit vom Nägele-Haus entfernt, dem Oberlauf der Schmiecha folgt, ist erstaunt über die Nähe ihrer Quelle zum Albtrauf. Eigentlich könnte man sich vorstellen, dass die junge Schmiecha den steilen Weg hinab zur Eyach bevorzugt, hinab zum Neckar und damit zum Rhein. Aber weit gefehlt, die Schmiecha ist bis heute ihrem uralten Lauf zur Donau treu geblieben. Nur, wie lange noch?

Weitere Berge der Alb (von Osten)

Ipf	668 m
Stuifen	757 m
Rechberg	707 m
Hohenstaufen	684 m
Teck	775 m
Hohenneuffen	743 m
Achalm	707 m
Zoller	855 m
Hohenkarpfen	912 m
Hohenlupfen	977 m

Höhenlage. Spricht man mit einem »Älbler« wie meinem Jugendfreund Arno Boss über die Südwestalb und unterhält sich über deren Höhenlage, meint er: »Wenn du mich nach der Höhenlage von Onstmettingen oder gar Burgfelden fragst, so kann ich dir nur sagen, wir liegen allemal höher als Innsbruck. Die wunderschöne Stadt am Inn schafft gerade 574 m über dem Meer. Wir Onstmettinger liegen um die 814 m hoch. Die Burgfeldener, unsere Nachbarn, haben noch 100 Meter mehr zu bieten. Allerdings, und das ist die andere Seite der Medaille, ist damit auch die Grenze für den Anbau von Getreide erreicht.«

Auf zwei Dinge sind die Leute in Burgfelden besonders stolz: Auf die romanische Michaelskapelle und auf den Böllat. Diese Aussichtskanzel am Trauf wird selbst von den Einheimischen in hohen Tönen gelobt:

*Ihr liebe Leut was wöllat
Ihr emmer in dr Schweiz,
Gant liabr uf dr Böllat,
Mo's schene Mädle geits.*

In kalten und nassen Jahren traf in früheren Zeiten vor allem die Landwirtschaft ein hartes Los. Viele Burgfeldener wanderten deshalb aus. So ist es bestimmt kein Zufall, dass der US-Außenminister Christian Herter, Enkelsohn eines Auswanderers, in der Nachkriegszeit von 1959 bis 1961 sich sehr um Burgfelden, das Dorf seiner Ahnen, kümmerte.

Der Linkenbold ist eine sagenhafte Gestalt und darf als anerkannter Höhlengeist gelten. In der Linkenboldshöhle, nicht weit vom Hangenden Stein bei Onstmettingen hat er seine Heimstatt. Er ist ein zuverlässiger Höhlengeist, der sich vor allem im Winter zeigt, in den Raunächten. Man weiß, was man an ihm hat, geht ihm aber wo möglich aus dem Weg. Ob er einen germanischen Gott, am Ende gar Wotan verkörpert, muss offen bleiben.

Man weiß aber, dass er die Leute in der heiligen Zeit zwischen Weihnachten und Dreikönig als Sturmgott in der festtäglichen Ruhe besonders gerne stört. Begegnet er in dieser Zeit einem neugierigen Spaziergänger, braucht man sich nicht zu wundern, dass er ihn blitzschnell auf sein Ross holt, mit ihm durch die Lüfte reitet und ihn fern der Heimat absetzt.

Übrigens, die Höhle ist zweimal im Jahr geöffnet, nicht im Winter, man kann sich schon denken weshalb. Zum Vatertag aber und am zweiten Sonntag im September. Dem Geist in der Höhle begegnet man höchst selten. Mag sein, dass der Onstmettinger Höhlengeist nach der Würdigung der Höhle durch den berühmten Pfarrer und Erfinder Philipp Matthäus Hahn die Lust auf den Besuch seiner angestammten Heimat verloren hat.

Philipp Matthäus Hahn. Hoch auf der Schwäbischen Alb gab es und gibt es nicht wenige erfinderische Menschen. Einer von ihnen ist der berühmte Pfarrer Philipp Matthäus Hahn, ein pietistisch gestimmter Theologe, ein großer Erfinder, Handwerker und Buchautor dazu. Vor allem auf dem Gebiet der Feinmechanik, deren Geheimnisse er nicht für sich behielt, sondern sie ganz im Sinne seines Herzogs Carl Eugen von Württemberg vor allem an die Jugend Onstmettingens

weitergab, hat er Beispielhaftes geleistet. Durch ihn wurden die Lebensbedingungen in einer vom Klima nicht verwöhnten Gegend auf Dauer verbessert. So wurde diese Ecke Württembergs zu einem Zentrum der feinmechanischen Industrie. Das gilt bis auf den heutigen Tag. Der Herzog förderte die erfolgreiche Arbeit von Phillip Matthäus Hahn mit Nachdruck, um dem ärmlichen Leben, ja Notstand auf der Hohen Alb entgegenzuwirken. Die Sonnenuhr an der Balinger Stadtkirche erinnert bis heute an den genialen Pfarrer Hahn. Nicht anders viele Ausstellungsobjekte in angesehenen Museen. Seine letzte Ruhe fand der berühmte Pfarrer und Ingenieur in Scharnhausen, heute ein Stadtteil von Ostfildern.

Oben: Kloster und Kirche krönen den Dreifaltigkeitsberg (983 m) hoch über Spaichingen. Unten: Der Lemberg in der Bildmitte ist mit 1015 Metern der höchste Berg der Alb. Der nur vier Meter niedrigere Oberhohenberg schließt sich an.

Caesar lässt grüßen

Der große Römer ist als Stratege und siegreicher Heerführer wohl bekannt. Weniger allerdings als Tagebuchautor, der sich neben seinen kriegerischen Unternehmungen, die er, so wie die Landung in Britannien, am liebsten selbst anführte, in ruhigen Stunden, die ihm verblieben, mit Land und Leuten der besiegten Völker beschäftigte, nicht zuletzt mit deren Brauchtum.

Die Schüler der Gymnasien mit Latein als Fremdsprache – inzwischen eine fast ausgestorbene Spezies – danken Caesar für seine Beschreibung ihrer Vorfahren bis heute. Vor allem, wenn er wie sein Landsmann Tacitus das einfache, naturnahe Leben der Germanen beschreibt und nicht zuletzt deren Kampfgeist.

Natürlich setzte der erfahrene Feldherr alles daran, die germanischen Völker klein zu halten. Seine besonderen Freunde waren die nach Westen drängenden Alamannen, auch Sueben genannt, mit denen er auch kriegerische Auseinandersetzungen nicht scheute. In der Schlacht bei Mühlhausen 58 v. Chr. besiegte er die Sueben unter ihrem Heerführer Ariovist. Das hinderte ihn aber nicht daran, sich über seine Gegner genauer zu informieren. Selbst für die Jagd und das jagdbare Wild interessierte sich der große Gaius Julius. Im 6. Buch seines Kriegsberichts »De bello Gallico«, »Der gallische Krieg«, schreibt er über die Großwildjagd des germanischen Stamms der Sueben: »Gewiss ist, dass es dort viele Arten von wilden Tieren gibt, die man sonst nicht sieht. Diejeni-

gen, die sich am meisten von den uns bekannten unterscheiden und besonders merkwürdig erscheinen, sollen jetzt folgen: es gibt ein Rind in der Gestalt eines Hirsches; es hat in der Mitte seiner Stirn zwischen den Ohren ein Horn, das stärker hervorragt und gerader ist als die Hörner,

die wir kennen. In seiner Spitze teilt es sich in der Art von Blättern und Zweigen weit auseinander. Männliche und weibliche Tiere sehen gleich aus, auch ihre Hörner haben dieselbe Form und Größe.«

So fließt die Schilderung in Caesars Buch ein, im Grunde die Sage vom sagenhaften Einhorn, einem besonders merkwürdigen Einhorn, wie man liest.

Caesar schreibt weiter: »Daneben gibt es Tiere, die Elche genannt werden. Sie sehen ähnlich aus wie Ziegen und haben auch ein buntes Fell. Sie sind jedoch etwas größer als die Ziegen, haben stumpfe Hörner und Beine ohne Gelenkknöchel – man höre! Sie, die Elche, legen sich zur Ruhe nicht nieder und können nicht wieder auf die Beine kommen, oder sich wenigstens vom Boden erheben, wenn sie zufällig zu Fall kommen und stürzen. Sie benutzen daher Bäume als Ruhestätten; lehnen sich an und können so, etwas

zur Seite geneigt, ausruhen. Wenn Jäger aus ihren Spuren herausfinden, wohin sie sich gewöhnlich zur Ruhe zurückziehen, untergraben sie von den Wurzeln her alle Bäume, oder schneiden sie nur soweit an, dass der Eindruck erhalten bleibt, als stünden die Bäume fest. Wenn sich die Tiere nach ihrer Gewohnheit an sie anlehnen, bringen sie mit ihrem Gewicht, die ihres Haltes beraubten Bäume zu Fall und stürzen mit ihnen um.«

Gewagte Bilder zweifellos von offenbar auch dem Jäger nicht bekannten Tieren. Da muss sich, betrachtet man die Sache genauer, ein munterer Alamanne dieses Jägerlatein ausgedacht haben. Ein kleiner, schwäbischer Jägersmann vielleicht, dem es wohl auch einen Heidenspaß machte, den großen Caesar so geschickt an der Nase herumzuführen, dass er seine munteren Sprüche als zweifelsfreie Nachricht in seine Memoiren aufnahm. Oder hat gar Caesar sein römisches Publikum aufs heftigste veräppelt?

Wie die Katzen auf dem Käfig

Wie die Katzen auf dem Käfig saßen einst die Württemberger auf der Achalm hoch über Reutlingen. Sie machten den Reichsstädtern das Leben schwer, wo es nur ging. Aber am Ende der Geschichte hatten die Reutlinger den Berg samt den Resten der alten Burg gekauft. Friede kehrte ein.

Eingekauft. Das Haus Württemberg trennte sich 1949, vertreten durch die »Württembergische Hofkammer«, im Zuge der Bodenreform von einem Teil seines Grundbesitzes. Im Angebot war auch die Achalm. Die Reutlinger Bürger erkannten die Gunst der Stunde; im Sprechchor riefen sie: »Die Achalm den Reutlingern!« Die Stadtverwaltung zögerte und rechnete und rechnete, wie das bei Behörden nicht unüblich ist. Vielleicht waren es die möglichen Folgekosten beim Wegebau oder die Drainage des nassen Hangs, die die Gemeinderäte zögern ließ. Ein Großteil der Bürgerinnen und Bürger der Stadt Reutlingen war aber fest entschlossen, Berg samt Burg zu kaufen. Eine »Achalm-Spende« wurde eingerichtet.

Verkauft! Dummerweise, so die Reutlinger, war der Kirchheimer Schafhalter Theo Hausch, ein Württemberger also, schneller. Er kaufte, solange die Reutlinger noch Geld zusammenkratzten. Ein Debakel für die Bürger der stolzen Stadt. Am Ende kam es zu einem für beide Seiten zufriedenstellenden Kompromiss: Der Berg gehörte fortan dem Schafhalter, aber großzügig, wie der Mann

war, überließ er der Stadt das für seine Schafe ungeeignete Gipfelplateau nebst Aussichtsturm. Alle waren glücklich. So trägt seit 1950 die Wetterfahne auf der Achalm die Farben der alten Reichsstadt. Lange genug haben die Reutlinger darauf gewartet!

Über der Altstadt von Reutlingen mit ihrer eindrucksvollen Marienkirche erhebt sich die Achalm.

Ärger und Händel zwischen Burg und Stadt begannen schon, nachdem es 1330 den trickreichen Württembergern gelungen war, in den Besitz der Reichsburg Achalm zu gelangen. Einen blutigen Höhepunkt erreichten die Auseinandersetzungen zwischen Reutlingen und Württemberg, als Graf Eberhard II., der Greiner, seinen Sohn Ulrich mit einer Schar ausgewählter Ritter auf die Achalm schickte. Deren Aufgabe war es, von diesem Stützpunkt aus die Stadt abzuriegeln, um so die widerborstigen Reichsstädter in die Knie zu zwingen.

Krieg liegt in der Luft. Kurz nach Pfingsten 1377 fühlen sich die Städter stark genug und greifen zu den Waffen, mit dem Ziel, die leeren Vorratskammern der Stadt zu füllen und wo irgend möglich Württemberg zu einer offenen Feldschlacht zu zwingen.

Dazu unternehmen die Reichsstädter einen Raubzug ins württembergische Uracher Tal.

Ulrich versammelt seine besten Ritter, um dem Feind entgegenzuziehen. Württemberg und Reutlingen sind ungefähr gleich stark. Über das Ende des Gefechts liest man in einem Dokument: »76 herren, ritter und knecht, darunder 59 graven, herren und von adel gewesen, erschlagen; 73 gefangen.« Reutlingen siegt! Graf Ulrich und der Rest seiner Getreuen retten sich mit Müh und Not auf die Achalm. Dort sind sie wenigstens sicher.

Der »Schirmvertrag« von 1505 sollte endlich für Ruhe zwischen dem Herzog und der Reichsstadt sorgen. Reutlingen sah sich aber weiterhin durch Ein- und Ausfuhrzölle geschädigt. Ulrich andererseits warf den Reutlingern vor, aufrührerischen Bauern, die sich im Kampfverband des »Armen

Wie die Katzen auf dem Käfig

Konrad« zusammengeschlossen hatten und Front gegen Württemberg machten, Zuflucht zu gewähren. Besonders verwerflich war aus der Sicht des württembergischen Adels, dass die Reutlinger ihre Bauern in Württembergs Bächen und Wäldern fischen und wildern ließen.

Die Händel nehmen kein Ende. Schon 1519 kommt es wieder zu einer bewaffneten Auseinandersetzung. Dieses Mal sind zwei Reutlinger »Papierer« der Anlass. Sie haben einen Forstmeister, der in württembergischen Diensten stand, umgebracht. Diese Schandtat bringt das Fass erneut zum Überlaufen. Ulrich lässt im ganzen Land zum Sturm auf Reutlingen blasen. Die völlig überraschten Städter wehren sich zwar heldenhaft, müssen aber am achten Tag kapitulieren und Ulrich die Tore öffnen. Die Reichsstadt wird württembergisch.

Der eigenmächtige Herzog. Ulrich von Württemberg ist dem Schwäbischen Bund, in dem sich Reichsstädte und Ritterschaften zusammengeschlossen hatten, schon lange ein Dorn im Auge. Der Bund will den Landfrieden wahren und das sehr wohl im Interesse des habsburgischen Kaiserhauses. Das Heer des Schwäbischen Bundes befreit Reutlingen, Herzog Ulrich wird vertrieben und Württemberg Österreich zugeschlagen.

Nicht lange allerdings sollte Reutlingen eine württembergische Stadt bleiben. Im Jahr 1534 kommt Ulrich in »sein« Land zurück; der Landgraf Philipp von Hessen hat ihn dabei unterstützt. Für den Württemberger gibt es jetzt nur noch eines: sein kleines Land gegen das übermächtige Österreich zu schützen und dafür ein wirksames Verteidigungssystem aufzubauen. Hohenneuffen, Hohenurach und Hohentwiel werden als Eck-

Über das Arbachtal und Reutlingen mit der Achalm reicht der Blick vom Mädlesfelsen an schönen Tagen bis zum Schwarzwald.

Der Steilhang der Achalm ist keineswegs stabil. Selbst Bäume haben es nicht leicht im rutschenden Gelände durchzuhalten.

pfeiler des Verteidigungssystems zu modernen Festungen ausgebaut. Die Burg Achalm verliert jedoch jede militärische Bedeutung und verfällt. Reutlingen hat endlich Ruhe.

Abbruch. Nach dem Ende des Dreißigjährigen Kriegs im Jahr 1648 kann die marode Burg abgebrochen werden. Nur kümmerliche Reste bleiben schließlich von der Stammburg erhalten. Der heute weit sichtbare Aussichtsturm steht erst seit dem Jahr 1838 an der Stelle eines Bergfrieds aus dem 12. Jahrhundert. Befreit vom Druck durch die Herren auf der Achalm wird die liebe »Achel« in Gedichten und Liedern besungen und damit Hausberg vor den Toren der Stadt.

Ach Alm wird zur Achalm. So wollen es die Sänger und Dichter: Graf Egino, der Erbauer der Burg, will einen Streit zwischen zwei Raufbolden schlichten. Aber wie es das Schicksal so will, die Streithähne werden zu Kumpanen und stechen den Grafen nieder. Auf dem Sterbebett noch fragt ihn sein Bruder Rudolf: »Welchen Namen soll die

Burg tragen?« Egino kann nur noch »Ach ... Alm« flüstern. Ludwig Uhland nimmt diese Legende auf und schreibt einen kleinen Krimi:

»Ach ... Alm«, stöhnt einst der Ritter;
ihn traf des Mörders Stoß.
»Allmächt'ger« wollt' er sagen;
man hieß davon das Schloß.

Doch um dem Namen wirklich näher zu kommen, ist es viel naheliegender, sich an die alten Flurnamen zu halten. Da heißt »Ach« soviel wie Bach und »Alm« die Weide am Berg: die von plätschernden Bächlein durchzogene Flur am Hang.

Man liest es neuerdings auch anders. So führt die Reutlinger Kreisarchivarin, Irmtraud Betz-Wischnath, den Namen Achalm auf eine indogermanische Wurzel zurück. Danach hat die Ach nichts mit Bach zu tun, sondern ist »ach« auf die indogermanische Wurzel »ak/ok« zurückzuführen. Dies bedeutet scharf, spitz, kantig, Stein. Spitzer Berg oder Steinberg wäre damit die Wurzel des Namens. Einmal mehr zeigt sich, dass man eben nie auslernt.

Im Graben der Geologen. Ganz ähnlich wie der Hohenzollern und die Reihe der »Kaiserberge« Hohenstaufen, Rechberg und Stuifen liegt auch die Achalm in einem abgesunkenen Bereich der Erdkruste, in einem tektonischen Graben, wie dies die Geologen nennen. Im Graben bleibt der abgesunkene Bereich länger vor Abtragung geschützt. So überragt er am Ende das abgetragene Umland. Manch einer hält den Atem an und denkt an einen feuerspeienden Berg, wenn er die Achalm aus der Ferne sieht. Was die Form des Berges anbelangt, der elegante Schwung des Bergkegels, kann man den Betrachter verstehen, dem der heilige Fujisan einfällt. Wen stört es am Ende, wenn er die Achalm kennen gelernt hat, dass sie nie ein feuerspeiender Berg war, sondern ein Stück übrig gebliebene Alb ist.

Ammoniten vom Feinsten. »Die Eninger Schichten gehören zu den Besterforschten des Schwäbischen Jura«, so formulierte Pfarrer Gussmann schon 1899 bei einem Vortrag in Reutlingen über »Steinlopfer ond Wissaschaftler«. Insbesondere der Fossilreichtum des Achalmbergs lag ihm am Herzen. Zu viele aber wussten schon davon und begannen, der Berg umzugraben. Die Ammonitensammler wurden zu einer »Landplage«. Inzwischen ist es verboten, an

Wie die Katzen auf dem Käfig

Oben: Im schütteren
Wald nahe dem Achalmgipfel
werden Weißjurafelsen

erkennbar. Ihr Untergrund
ist wenig stabil, Felsstürze
und Rutschungen sind nicht
selten.

Unten: Der Georgenberg
bei Pfullingen ist der
Erosionsrest eines Vulkanschlots.
Sein Gipfel ist kahl.

der Achalm nach den Schätzen der Erdgeschichte zu wühlen. Das Schatzgräberspiel ist beendet, die Fossilien sind streng geschützt. Nur hin und wieder, wenn ein Weg ausgebessert wird oder ein Abflussgraben, kann man den »Schönen der Jurazeit« am Originalschauplatz noch begegnen.

Lieblingskinder waren und sind bis heute die wunderschönen Ammoniten aus dem Ton unterhalb der Hamitenbank. Sie hören auf so wohlklingende Namen wie »Emileija« oder »Otoites«. Eine exzentrische Gruppe sind diese Hamiten schon. Aber was heißt da exzentrisch? Die »normale« Wickelung der Ammoniten lässt keine Zwischenräume von Windungen zu Windung frei. Ganz anders die Hamiten. Sie führen gewissermaßen ein lockeres Leben und bilden einen ganz eigenen, formenreichen Verein.

Die Achalm im Visier. Für mich war es ein großes Vergnügen, aus dem breiten Neckartal bei Pliezhausen die Kette der Albberge mit der Achalm zur fotografieren. Ein idyllisches Bild. Mächtige Hochspannungsmasten allerdings verderben den Blick. Also rückt der Fotograf ein Stück zur Seite, um die Achalm auch ohne Mast aufs Bild zu bannen. Eine ältere Bauersfrau mit einem Rechen über der Schulter schaut mir interessiert zu

und meint: »Abr a schees Bild geit des fei ed, mit deane wiaschte Maschda.« Mir blieb nur die Antwort: »I woiß, dass die Maschda net schee send, aber grad des will i jo fotografiera.« E n vielsagender Blick und ein vorsichtiges Kopfschütteln, mehr war da nicht.

Die Beule der Achalm sieht der Kundige schon aus der Entfernung. Sie hat sich auf der Eninger Seite gebildet. Ein Erdrutsch ist das Ganze, der sich nach jedem Regen ein Stück hangabwärts bewegt. Der mächtige Opalinuston im Unteren Braunen Jura der Achalm ist wasserstauend. Pfützen bilden sich sogar und kleine Rinnsale. Sobald Regen und Schnee den Ton durchfeuchtet haben, beginnt er zu wandern und zu rutschen. Mitunter wird der wassergesättigte Ton sogar zu einer Bedrohung für die höher gelegenen Straßen und Häuser von Eningen. Nur eines hilft in solchen Fällen: drainieren!

Das Plateau des Achalmbergs wird vom Kalkfels des Weißen Jura Beta gebildet. Der Rand dieses »Deckels« ist nicht völlig stabil. Immer wieder brechen Blöcke ab. Der aufmerksame Wanderer sieht sie auf dem Weg nach oben auf der Weide und im Wald liegen. Blickt er im Winter durch die kahlen Bäume zum Gipfel hinauf, so kann er die hellen, jungen Abbruchkanten im Kalkfels entdecken.

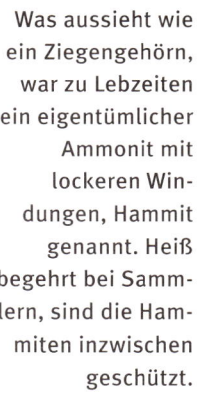

Was aussieht wie ein Ziegengehörn, war zu Lebzeiten ein eigentümlicher Ammonit mit lockeren Windungen, Hammit genannt. Heiß begehrt bei Sammlern, sind die Hamiten inzwischen geschützt.

Spuren der Kelten. Der Westrand des Achalmbergs wird von einer breiten Stufe im Braunen Jura gesäumt. Scheibengipfel nennt man sie. Die Sage weiß, dass der liebe Gott, nachdem er die Achalm erschaffen hatte, deren spitzen Gipfel absägte, umdrehte und an den Fuß des Berges legte. So die Schöpfungsgeschichte des Scheibengipfels. Zur Keltenzeit spielte die Fläche dieses Plateaus eine herausragende Rolle als Siedlungsplatz für Bauern und Handwerker. Grabhügel und Wallanlagen erinnern daran.

Rappenplatz heißt ein anderer, bedeutender Fundort am Osthang der Achalm. Aus der späten Urnenfelderzeit, vor allem aus dem 10. und 9. Jahrhundert v. Chr., auch aus dem 6. bis 4. Jahrhundert v. Chr. stammen viele Kleinfunde: Töpferwaren, Spinnwirtel, Fibeln, Perlen und Tierknochen. Sie sind inzwischen Schätze der Museen.

Der Georgenberg, 602 m über N. N., bei Pfullingen ist im Gegensatz zur Achalm vulkanischer Natur. Genauer genommen verdankt er seine vul-

kanähnliche Eleganz einem harten Kern, einem vulkanischen Schlot, der tief in den Erdmantel hinabreicht. Er ist einer der zahlreichen Vulkane aus der Tertiärzeit, zu denen die Limburg bei Weilheim, der Florian bei Metzingen und das Rangenbergle neben der Achalm gehören. Der widerstandsfähige Vulkanit hat diese Zeugen des Vulkanismus bis heute vor völliger Abtragung bewahrt.

Die Alte Burg, 593 m über N. N., ist geologisch gesehen ein ganz anderer Fall. Die bewaldete Kuppe zwischen Reutlingen und Gönningen liegt ein gutes Stück vor dem Albtrauf, ist aber weder Vulkan noch Zeugenberg, sondern Überbleibsel eines Bergsturzes, der vor langer Zeit abging und dessen Weißjuratrümmer der Abtragung bis heute weitgehend standgehalten haben. So ist er einer der zahlreichen Bergstürze im Vorfeld der Alb, ein Belegstück mehr dafür, dass die Alb vor Jahrmillionen ein gutes Stück weiter nach Nordwesten reichte.

Vom Hohenneuffen geht der Blick über die Achalm hinweg nach Westen.

Vom Schießplatz zum Nationalpark

Des Königs Exerzierplatz. Münsingen ist die Stadt, deren Name sich mit einem Truppenübungsplatz auf der Schwäbischen Alb verbindet. Wer jemals das Vergnügen hatte, auf diesem Platz zu üben, Krieg zum Beispiel mit Panzern und Kanonen, wird diese Erinnerung nicht mehr los. Das Kämpfen und das Fürchten lernten Infanterie und Kavallerie an diesem Ort. Später beherrschten schwer bewaffnete Panzerfahrzeuge die Münsinger Hardt. Aus dem ärmlichen, mittelalterlich anmutenden Weideland der Hardt wurde ein »Kriegsschauplatz« in guten und in schlimmen Zeiten.

Was sich König Wilhelm II. von Württemberg dabei gedacht hat, als er im Jahre des Heils 1895 ein großes Stück Wald und Weide freigab, um das XIII. württembergische Armeecorps auf preußisches Niveau schleifen zu lassen, wurde nicht verlautbart. Wenn man aber weiß, dass mancher Mann aus dem Hause Württemberg seine Lehrjahre in Preußen absolvierte, kommt man der Sache näher. Den Ausschlag gab wohl die »Schlacht« bei Tauberbischofsheim am 14. Juli 1866. Damals traten die deutschen Südstaaten gegen Preußen an und verloren das Gefecht ohne Glanz und Gloria. Am militärischen Notstand des Südens gab es von da an keinen Zweifel mehr. So wurde im Königreich Württemberg ein Übungsplatz für das Militär ausgewiesen, um den Schwächen im Felde abzuhelfen.

Das Übungsgelände im Übrigen, das damals für das Training der Truppen zur Verfügung stand, war weithin württembergischer Staatsbesitz, mit anderen Worten, es gehörte dem König und der konnte nach Gutdünken darüber verfügen. Bald war dieser Truppenübungsplatz, von militärischen Abkürzungsspezialisten »TrÜPl« genannt, im Land wohl bekannt. Ab 1970 war die Luftwaffe mit von der Partie. Der Lärmpegel über dem Platz stieg von Jahr zu Jahr.

Im Winter ging die Beliebtheit des Platzes bei den Soldaten auf unter Null. Kalte, ja eisige Winter sind auf der Münsinger Alb durchaus die Regel. Als »Schwäbisch Sibirien« war der Platz bei

der Truppe wohl bekannt, dabei können die Sommer wunderbar warm und trocken sein. Das Gelände liegt in einer Höhenlage zwischen 650 Meter am Nordwestrand und 864 Meter südlich von Zainingen.

Der Übungsplatz der Württemberger ist nicht der einzige auf der Alb. Die Badener haben auf dem Großen Heuberg bei Stetten am kalten Markt einen vergleichbaren »Wehrertüchtigungsplatz« eingerichtet, einen, der in unseren Tagen ebenfalls aufgelöst wird. Kalter Markt, nomen est omen. Kalt ist es dort auch, vor allem während der Schafskälte, die die Soldaten auf Russland einstimmte, der aber auch manches Lamm zum Opfer fiel.

Ein Biwak, ein Zeltlager, musste für den Anfang genügen, so in Münsingen. Dem Architekten Karl Heinrich Conrad Maerklin aus Stuttgart gelang es, trotz bescheidener finanzieller Mittel selbst für heutige Vorstellungen, anständige Unterkünfte zu bauen. Bis heute ist das »Alte Lager« ein Zeugnis der Militärgeschichte, wie es vergleichbar in Deutschland nirgendwo erhalten blieb.

Die mehr oder weniger massiv gebauten Baracken konnten bis zu 2000 Soldaten aufnehmen. Für die Offiziere war das Ganze etwas vornehmer. Ihre Baracken hatten deshalb auch zwei gelbe Längsstreifen. Die gemeinen Soldaten mussten mit einem gelben Strich leben. Im Bereich des Casinos mit seinem »Tempelchen« ist das »Alte Lager« bis heute bemerkenswert reizvoll. Im Casino wurde in späteren Jahren französisch gespeist, im »Tempelchen« spielte die Musik zum Tanz auf. Mächtige Rotbuchen und Vogelbeerbäume stehen wie schützend zwischen den Bauten. In ihrem Schatten wird das Alte Lager zum Park.

Nach dem verlorenen Ersten Weltkrieg zog die Reichswehr auf dem Platz ein, später, nach Hitlers Sieg über Deutschland, kam die Wehrmacht und nach dem Zweiten Weltkrieg waren nach den Amerikanern die Franzosen Herren des Platzes.

Die Spuren jener Zeit sind immer noch zu sehen. Die französischen Beobachtungsbunker und -türme im weiten Feld des Übungsplatzes haben sich als erstaunlich dauerhaft erwiesen.

Bis in den Krieg hinein war der Platz ein Zentrum militärischen Trainings. 1943 wurde hier die italienische Gebirgsdivision »Monte Rosa« aufgestellt, bevor sie sich von Mussolini und dessen deutschen Verbündeten abwandte, um sich den Alliierten anzuschließen.

Auch die 1. und 2. Wlassow-Division, nach ihrem russischen General so benannt, wurde auf dem »TrÜPl« ausgebildet, kämpfte auf deutscher Seite mit dem Ziel, das kommunistische Russland zu befreien. Ein vergebliches Bemühen. Mit dem Kriegsende kapitulierten die Wlassow-Soldaten in der Tschechoslowakei und in Österreich. Als Überläufer wurden viele gnadenlos zum Tode verurteilt und hingerichtet.

Gruorn. In Zeiten ungebremster Hochrüstung unter Hitler und seiner Generalität war das Dörflein Gruorn mitten im Truppenübungsplatz ein Dorn im Auge. Für die bäuerliche Bevölkerung war das Leben im Schießbereich der schweren Artillerie längst eine Qual. Im Keller mussten sie das Donnern der Geschütze und die Einschläge der Granaten überstehen. Trotzdem verließen die meisten Gruorner ihr Dorf nicht. Ohne Vorwarnung wurde schließlich die Bevölkerung 1942 über Nacht in einer seelenlosen Bekanntmachung mit dem Schicksal des Dorfes konfrontiert: Ausweisung!

Gegenüberliegende Seite: Gruorn, das verlassene Dorf, ist im Winter besonders schön. Oben: Der bemerkenswerte Backsteinbau im »Alten Lager« ist inzwischen ein Museumsstück.

Heute hängt ein Exemplar dieses »Ausweisungspapiers« in der wieder hergerichteten Kirche von Gruorn; ein Zeugnis der Gewaltherrschaft gegen das eigene Volk im eigenen Land. Im Jahr 1942 wurde die Gemeinde Gruorn aufgehoben. Das Militär hatte freies Schussfeld.

Das verlorene Dorf. Das massive Gebäude der Schule hat den Zeitläuften standgehalten. Die Wohnhäuser des Dorfes sind allesamt bis auf Reste der Grundmauern verschwunden; Opfer militärischer Übung. Zweimal im Jahr, am Pfingstmontag und an Allerheiligen, treffen sich die alten Gruorner mit Kindern und Enkeln in ihrer Kirche zu einem festlichen Gottesdienst.

»Manchmal denke ich daran, das Haus meiner Ahnen wieder aufzubauen und nach Gruorn zurückzukehren«, meint ein Urenkel. Warum eigentlich nicht? Die Schießerei hat doch ein Ende. Das einzige stichhaltige Gegenargument liefern die Kenner des Schießplatzes mit dem Hinweis auf die Menge der Munition, der Blindgänger und Zünder, die gerade im Umfeld von Gruorn bis heute im Boden stecken. Das Ergebnis der Untersuchung ist schlicht und einfach: Die Belastung des Bodens im Schießbereich ist so groß, dass man ihn bis in eine Tiefe von ein bis zwei Metern abtragen müsste, um wirklich sicher zu sein. Unbezahlbar! Zudem Zeitbomben, die man keinem Menschen zumuten darf.

Wechselnde Herren. Nach der kurzen Besetzung durch die Amerikaner wurde der Platz an die französische Generalität übergeben. 1957 entstand ein Verbindungskommando der Bundeswehr zur »französischen Truppenübungsplatzkommandantur«, man möge den Zungenbrecher verzeihen. Aber Militärs neigen zu Wortungeheuern.

Die Übergabe von einem Herrn zum andern verlief erstaunlich geräuschlos. 1958 übten erstmals wieder Bundeswehrsoldaten in Münsingen. Ganz entsprechend entwickelte sich auch der Truppenübungsplatz Stetten am kalten Markt. 1992, am 1. August, übernahm die Bundeswehr den Truppenübungsplatz von den französischen Streitkräften.

Der Schwerpunkt der Ausbildung der deutschen Truppen ist eine Kriegsführung zusammen mit schweren Panzern oder gegen derartige Stahlungeheuer.

Am Heiligen Abend 2005 wurden die letzten Soldaten der Bundeswehr aus dem Münsinger »Alten Lager« abgezogen.

Naturschutz. Seither liegt der große Platz brach. 67 Quadratkilometer Land, wertvolles Land, vor allem durch seinen bemerkenswerten biologischen Reichtum. Die geologische Natur ist ähnlich interessant. Die lange Geschichte der Besiedlung durch Menschen reicht nachgewiesenermaßen bis in die Eiszeit zurück.

Die verschiedenen Verwaltungsebenen des Landes sind nicht untätig in ihrer Planungsarbeit. Bisher ist noch nicht endgültig klar, wie das immer größer gewordene Kind künftig heißen soll. Naturpark, Naturschutzgebiet, Banngebiet oder doch nur noch mit Mühe verständlich Biosphärenreservat oder Biosphärengebiet? Den Begriff Reservat hat man wohl gestrichen, weil man die Älbler nicht wie die amerikanischen Indianer in ihren Reservaten unter besonderen Schutz stellen will. Bei diesem eigenwilligen Menschenschlag würde dies ohnehin nicht funktionieren.

Ein geschlossenes Biosphärengebiet bedeutet eine erhebliche Ausweitung des Schutz- und Pflegebereichs bis in das Tal der Großen Lauter hinein und am Albtrauf entlang links und rechts der Erms bis zum Rossfeld. Auf der anderen Seite wäre der Eichfels, der Jusi, der Hohenneuffen und jenseits der Lenninger Lauter sogar das große Naturschutzgebiet des Teckbergs inbegriffen.

Eine edle Vision. Immerhin ist das Naturschutzzentrum des Kreises Esslingen in Schopfloch, nicht allzu fern von den Schutzgebieten des

Vom Schießplatz zum Nationalpark

Randecker Maars und dem Schopflocher Torf-
moor, schon heute ein Brennpunkt erfolgreicher
amtlicher und ehrenamtlicher Naturschutzarbeit.

Lebensspuren. Auf der Heide quaken Kreuzkröte
und Laubfrosch. Eigentlich dürfte das gar nicht
sein, denn die Alb ist trockenes Land und kein
Fischwasser und auch kein Froschrevier. Offenes
Wasser hat Seltenheitswert. Doch wie kommt es,

dass die Lurche mitten in der trockenen Schafweide im Wasser sitzen? Den schweren Panzern und ihren eindrucksvollen Spuren ist dies
in erster Linie zu verdanken. Es gibt aber auch
Erdfälle, das sind mitunter recht tiefe Einbrüche
in den verkarsteten Felsengrund, die durch ein-
geschwemmten Lehm einigermaßen abgedichtet
werden, aber den wirklich wasserdichten Untergrund haben eben die Panzer hergestellt.

Der Sternen-
bergturm nahe
Böttingen, einst
eine geschätzte
Aussichtswarte
zur Manöver-
beobachtung

Die Spuren der stählernen Drachen haben sich tief in den Boden eingedrückt, nicht zuletzt, weil ein Panzer nicht einfach so dahinrollt. Er neigt in unebenem Gelände zu nickenden Schaukelbewegungen, Dellen bilden sich, Rinnen und Kuhlen im lehmigen Boden. Regen- und Schmelzwasser sammelt sich. Auch wenn es nur ab und zu regnet, überdauern die Pfützen selbst so heiße Sommer wie den von 2003. Ein neuer Lebensraum für Frosch, Kröte, Libelle, allerlei Kleingetier und wasserliebende Pflanzen hat sich entwickelt.

Übrigens soll es einem jungen, unerfahrenen französischen Panzerfahrer gelungen sein, sein Fahrzeug so sehr ins Schaukeln zu bringen, dass es am Ende mit der Kanone im Dreck steckte. Nach der langwierigen Prozedur, den Panzer wieder in Normallage zu bringen, hing zum Zeichen des »Sieges« ein Büschel Gras aus dem Kanonenrohr. Für solche Leistungen bekommen Soldaten allerdings nur selten ein Lob, auch die französischen nicht.

Ob die Platzverwaltung auch zur Reparatur des verdorbenen Bodens den »Grasgeneral« Richard Schaude angefordert hat, ist nicht vermerkt. Aber er war der Mann, der unentwegt die von Panzern gequälten Böden wieder zurechtrückte.

Eine ungewöhnliche Fülle von Arten sind im Gebiet des alten Übungsplatzes nachgewiesen. So kennt man 24 Heuschreckenarten und sieben verschiedene Amphibien in den mehr als 1800 Tümpeln des Platzes. Nicht wenige der Bewohner, wie Kreuzkröte und Laubfrosch, sind außerhalb des Parks denkbar gefährdet. 72 Tagfalterarten wurden gesichtet und 20 verschiedene Libellenarten. Schon das wäre Grund genug, dem Schutzgebiet die Qualität eines Nationalparks zuzubilligen.

Interessant ist auch die Vogelwelt. So brüten Heidelerche, Steinschmätzer, Schwarzkehlchen, Braunkehlchen, Rotmilan, Schwarzmilan, Kornweihe, Rohrweihe, Schwarzstorch, Raubwürger und andere recht seltene Vogelarten im Park. Insgesamt sind wohl 97 verschiedene Arten erfasst. Die Hälfte ist von Ausrottung bedroht. Erfreulicherweise hat sich ein Charaktervogel der Schwäbischen Alb, der Neuntöter, mit mehr als hundert Brutpaaren auf dem Truppenübungsplatz eingefunden.

Auch die Pflanzenwelt kann sich sehen lassen: Frühlingsenzian und Küchenschelle, aber auch eine Reihe von Orchideen sind im alten »TrÜPl« bodenständig. Die Wälder, vor allem die Buchenwälder, sind typisch für die Alblandschaft, die sich seit dem Mittelalter kaum verändert hat. Einzeln

stehende Weidbuchen weisen auf die Schafhaltung hin, die sich ebenfalls über Jahrhunderte hinweg nur wenig verändert hat. Etwa zwei Drittel des großen Platzes sind Weideflächen, ein Drittel blieb immer für den Wald übrig, zu dem leider auch der in jüngerer Zeit gepflanzte, in diesem Gebiet überhaupt nicht heimische Fichtenwald gehört.

15 Schäfereien bringen um die 17 000 Schafe auf die Weide. Es bleibt zu hoffen, dass die Schäferei auch künftig in ihrer alten Form Bestand hat und damit die Landschaft pflegt.

Vielfalt zeichnet den Platz aus. Der Wind bringt Samen und Früchte. Auch Regen und Schneeschmelze schwemmen Lebenskeime ein. Dass sich eine Kaulquappe oder ein kleiner Frosch am Fuß oder im Gefieder eines Vogels transportieren lässt, ist nicht ungewöhnlich. Den einsamen Goldfisch allerdings im Tümpel hat

Gegenüberliegende Seite: Schäfer und Herden gehören zum Bild des ehemaligen Übungsplatzes. Oben: Der gut erhaltene Friedhof um die Gruorner Stephanuskirche ist der letzte urtümliche Bergfriedhof auf der Alb.

wohl ein »Tierfreund« aus lauter Liebe zur Natur abgeliefert. Insgesamt ist dieser Lebensraum das Ergebnis einer natürlichen Entwicklung. So zeigt sich einmal mehr, dass selbst lebensfeindliche Stahlriesen auf einem Umweg Lebensspender sein können. Wenn die Panzer auf Dauer verschwinden, ist es mit den Feuchtbiotopen auf dem »TrÜPl« vorbei. Ein waffenloser »Pflegepanzer« muss her!

Karst. Wo bleibt das Regenwasser, wo das Schmelzwasser, das hier im Oberjura versickert? Diese Frage stellt sich, wenn man die trockene Ebene überblickt. Färbeversuche in jüngerer Zeit geben Aufschluss über die Wege des verschwundenen Wassers. Nachgewiesen ist, dass ein Teil des »TrÜPl«-Wassers im Blautopf wieder erscheint. 20 Kilometer Luftlinie liegen zwischen der Sickerstelle und der großen Quelle. Die Luftlinie ist aber mit Sicherheit erheblich kürzer als der Weg durch die Höhlen im Untergrund. Ein Teil des Sickerwassers fließt interessanterweise in die Gegenrichtung nordwärts und erscheint im Goldloch bei Schlattstall wieder, 15 Kilometer entfernt. Nicht nur die oberirdische, auch die unterirdische Wasserscheide verläuft also quer durch den Platz.

Meeresstrand. Am Südrand des Platzes ändert sich die Landschaftsgestalt auffällig. Bis zur Donau hin erstreckt sich eine Ebene, die allenfalls flache Hügel aufweist, Flächenalb genannt. Der Blick geht bis zum Bussen, dem heiligen Berg Oberschwabens. An klaren Tagen erscheinen in der Ferne sogar die Allgäuer Alpen, ja sogar die Schneeberge der Schweiz.

Im Rücken des Betrachters, nach Norden hin, wird die Alb als Kuppenalb bezeichnet. Die Trennungslinie, das Kliff, ist ein uralter Brandungsbereich an der Grenze zwischen einem warmen tertiären Mittelmeer und der damaligen Alb. Das tertiäre Kliff zieht sich aus der Gegend von Heidenheim bis in den Raum Tuttlingen hin. Vor etwa 60 Millionen Jahren begann die Überflutung der südlichen Alb durch das Mittelmeer jener Zeit. Vor etwa 15 Millionen Jahren zog sich dieses Meer zurück oder besser gesagt, wurde die Alb über den Meeresspiegel herausgehoben.

Schade ist es um den schönen Badestrand, der im Zuge der Gebirgsbildung verloren ging. Aber das Kliff könnte man auch in unseren Tagen mit einem Leuchtturm am rechten Platz schmücken.

Laubfrosch und Steinschmätzer sind Beispiele dafür, dass der Mensch für die Artenmannigfaltigkeit eines künftigen Nationalparks, oder wie das Gebiet letztlich auch heißen mag, ganz wesentlich mitverantwortlich ist. Die Steinhaufen, die man für den drosselartigen Vogel zusammengetragen hat, haben ihn inzwischen heimisch gemacht. Dieser Erfolg ist ein Beispiel dafür, dass sich eine angemessene Pflege für bedrohte Tiere durchaus bewährt. Würde man den Truppenübungsplatz ganz sich selbst überlassen, wäre das für eine ganze Reihe von Tier- und Pflanzenarten das Aus. Allenfalls 30 Jahre würde es dauern, bis sich zum Beispiel die Schafweide in einen sehr viel artenärmerer Wald verwandelt hätte.

Links: Französische Truppen haben ihre Visitenkarte hinterlassen. Rechts: Viele Explosivgeschosse sind geborgen, aber immer noch liegen andere in großer Zahl im Boden.

Im Winter sieht man am besten, wie viel Wild sich durch die Wälder und über die offenen Flächen des Platzes bewegt. Die Zahl der Wildschweine ist auffällig groß. Obwohl die Schwarzkittel nachhaltig bejagt werden, hat ihre Zahl nicht nur nicht abgenommen, sondern einen oberen Grenzwert erreicht. Förster und Bauern können ein Lied davon singen, was die Sauen vom Truppenübungsplatz leisten, vor allem, wenn es um jungen Mais geht.

Die Sauen im Mais. Eine verbürgte Geschichte hat sich in einem Nachbardorf des Platzes zugetragen. Dort haben Wildschweine ein Festmahl im jungen Mais gefeiert. Die Bauern, ganz außer sich, beschwerten sich beim Förster: »Dass Sie's wissat: Nägschd Johr kommt ein Elektrozaun om des Maisfeld rom.« Der Förster drauf: »Des mach i, wenn Sie mir saget, wann's so weit ischt.« Gesagt, getan, im Jahr darauf wurde auf ein Signal der Bauern hin ein Elektrozaun um ein großes, mit Mais bepflanztes Areal gezogen. Doch die Schäden waren größer als im Vorjahr. Die einfache Erklärung des scheinbar komplizierten Sachverhalts ergab, dass die Sauen schon im Mais waren, bevor der elektrische Zaun gezogen wurde. In seinem Schutz fühlten sie sich offenbar ganz besonders sicher und wohl.

Bis zum Horizont die breiten Spuren der Kampfpanzer. Der Wald beherrscht nur kleinere Flächen, so wie es sich für einen Truppenübungsplatz gehört.

Aus dieser Geschichte ergibt sich fast zwangsläufig, dass es ohne Förster und Jäger und Schäfer im künftigen Park nicht gehen wird. Ja, dass sie sogar die ganz entscheidende Rolle spielen müssen, wenn die Natur im Schutzgebiet in dem vom Menschen erwünschten Gleichgewicht erhalten werden soll.

Ein biologisches Gleichgewicht wird sich einstellen. So oder so. Die Frösche und Fische in den Tümpeln werden es nicht leicht haben. Schnell sind sie vom Fischreiher entdeckt, der, statt die Zierteiche der Neubaugebiete zu plündern, sich dann an natürliche Ressourcen hält. Die Frage, »Wieviel Graureiher verträgt ein Nationalpark?« ist damit allerdings nicht beantwortet.

Vergangenheit und Zukunft. Die Vergangenheit lässt sich nicht mehr herbeizaubern. Wie aber soll die Zukunft der großen, in ihrer Bedeutung keineswegs abschließend erfassten Fläche aussehen? Ein großer Bereich wird zwangsläufig Banngebiet bleiben; zu viele Sprengsätze stecken im Boden. Aber daneben macht man sich auch Gedanken über die kaum veränderten Areale, den Buchenmischwald vor allem und die trockene Steppenheide. Aber es gibt eben auch

43 Kilometer Panzerringstraße und nicht wenige von alten Alleen gesäumte Wirtschaftswege aus der Zeit, als die Bauern mit ihren Wagen im Schatten fahren wollten. Für Radfahrer durchaus geeignet, den Wanderern dürfte der Weg bald langweilig werden. Die Beobachtungstürme waren bestimmt, um Erfolge oder Misserfolge der militärischen Schießerei zu bestimmen. Sie sind zwar interessante Landmarken, aber keineswegs so belastbar und besteigbar, wie man das von Albvereinstürmen gewohnt ist.

Die steigende Besucherzahl von Gruorn spiegelt auch das Interesse für den ganzen Platz. Da sind natürlich die alten Schießbahnen, die ruinösen Bunker und nicht zuletzt die Trasse einer Römerstraße, die den Platz schneidet und bis zum Kastell Lonsee verfolgt werden kann. Wanderungen allerdings empfehlen sich nur auf genau bezeichneten Wegen, am besten mit ortskundiger Führung. Wanderungen mit aufgeweckten Kindern, die es in den Wald zieht, sind im alten »TrÜPl« viel zu riskant. Die Gefahrenherde im Untergrund sind zu bedrohlich.

Was aber dann? Manch einer wird von einer Industrieansiedlung träumen, andere von einem großen Golfplatz, auch ein Freizeitzentrum rund

Wildschweine sind im Truppenübungsplatz keine Seltenheit, ihre Spuren sind unübersehbar.

um die leeren Mannschafts- und Offiziersbaracken lässt sich konstruieren. Aber wirklich überlegenswert sind solche Gedanken nicht. Wäre der Boden nicht so explosiv, könnte man darüber reden. Auch alle anderen Projekte haben sich an diesem Gefahrenmoment zu orientieren.

Die Schäferei wird auch in der Zukunft eine entscheidende Rolle spielen. Man könnte sich vorstellen, überschaubare, von Munition gereinigte Flächen in einen Wildpark zu verwandeln, einen Platz für Tiere, deren Vorfahren einst in unserem Raum lebten. Dazu gehören Waldpferd und Wisent, Elch und sogar die Saiga-Antilope, die heute noch in den Steppen Mittelasiens vorkommt. Um die Wildschweine braucht man sich nicht zu sorgen, auch der Hirsch hätte einen Platz. Was spricht gegen ein großes Wolfsgehege? Man kann sogar an eine kleine Gruppe indischer Elefanten denken, deren Verwandter, das Mammut, für unsere steinzeitlichen Vorfahren von lebenserhaltender Bedeutung war. So würde aus dem Großwildpark ein Eiszeitpark, der an Zeiten erinnert, als der Neandertaler und unsere Vorfahren auf der Alb auch das edle Großwild jagten. Mit dieser Entwicklung wäre der Park von Münsingen keineswegs ein Außenseiter. In Europa nicht und nicht in Deutschland. Man denke an den Bayerischen Wald, an die Biosphärenreservate am Müritz-See, in der Eifel und an der Nordsee.

Damit würde die wirtschaftliche Lage der angrenzenden Gemeinden dauerhaft gestärkt. So zeigt die Erfahrung, dass vor allem Familien und Schulklassen Tiergehege dieser Größenordnung äußerst anziehend finden.

»Auf dem Heuberg« bei Stetten am kalten Markt wurde ein anderer großer Truppenübungsplatz frei. Was aus diesem Platz werden soll, ist ebenfalls nicht endgültig geklärt. Die Abschiedsparade der Bundeswehr fand am 4. August 2007 statt.

Bachem Natter. In der Historie des Truppenübungsplatzes Heuberg ist eine Natter besonders bemerkenswert: Weder die Ringelnatter ist gemeint noch die Schlingnatter, sondern ein Raketenflugzeug, im Übrigen das erste auf der Welt, das von einem Piloten im Senkrechtstart auf über 10 000 Meter Höhe gebracht wurde. Die Entwicklungsgruppe um den Ingenieur Erich Bachem bestand aus zehn Ingenieuren und Technikern und einer Reihe von Facharbeitern, die zunächst auf

den Fildern und später in Bad Waldsee an einer »Wunderwaffe« arbeiteten.

Am 1. März 1945 startete Oberleutnant Lothar Sieber. Vier Flüssigkeits-Raketen mit 500 Litern Treibstoff beförderten das Raketenflugzeug in eine Höhe von über 10 000 Meter. Was jedoch hoch in den Wolken geschah, bleibt ein Rätsel. Die erste Natter, die von einem Menschen gesteuert wurde, stürzte kopfüber mit dem Piloten ab.

Noch im Frühjahr 1945 sollte dieses revolutionäre Kampfgerät mit seinem mit 24 oder mehr Raketen bestückten Kopfteil gegen die Bomberströme der Alliierten eingesetzt werden. Dazu kam es über deutschem Boden nicht mehr. Der Angriff eines Bomberpulks allerdings, der über die Alpen Richtung Hydrierwerk Leuna flog, wurde, so wird berichtet, von Düsenjägern und nicht zuletzt durch 50 Nattern erfolgreich abgewehrt. Schon nach einer Minute hatten die winzigen Maschinen mit ihren Stummelflügeln 11 000 Meter Höhe erreicht. Aus dieser Höhe stießen sie auf die B-17-Bomber herab und deckten sie mit Raketen ein. Die amerikanischen Besatzungen waren völlig überrascht und reagierten wohl panisch.

Ein Gedenkstein am Ochsenkopf auf dem Truppenübungsplatz Heuberg erinnert an Oberleutnant Sieber und die »Natter«. Für den Betrachter ist er ein Mahnmal, ein deutliches Zeichen für die Sinnlosigkeit eines Krieges.

Ein seltenes Exemplar des Raketenflugzeugs, der »Bachem Natter«, steht auf dem Truppenübungsplatz Heuberg bei Stetten am kalten Markt.

Aufwind am Trauf

Der Gleitschirmflieger trägt einen großen Sack auf dem Rücken, packt aus, legt Schirm und Seile auf die Wiese. Fast im Handumdrehen entsteht ein leistungsfähiges Fluggerät. Im Aufwind wird es den Paraglider am Albtrauf entlangtragen.

Die Startbahn ist kurz. Anlauf auf dem Wiesenhang. Im Hangaufwind gewinnt der Flieger rasch an Höhe. Den Zuschauer fasziniert die Eleganz seines Fluges. Er ahnt, wie glücklich der fliegende Mensch im Gefühl der Unabhängigkeit, der Freiheit ist. Allzu viel Aufwind kann gefährlich werden. Starke Strömungen an der Hangkante und mehr noch am Rande einer Gewitterwolke sind schwer berechenbar; sie können den Mann am Schirm in kurzer Zeit hoch hinauftragen, aber auch absacken lassen. Wenn er Glück hat, landet er in einem jungen Fichtenwald oder zwischen den Schafen auf der Weide.

Der Segelflieger ist in seinem Gerät allein; aber eine Gruppe Gleichgesinnter gehört zu diesem Sport. Fliegen kann wohl jeder für sich, zum Start braucht er die anderen. Immer werden Segelflieger von der eleganten Schönheit ihres Flugzeugs und des Flugs reden und von der Kameradschaft mit Gleichgesinnten und ihrer ganz eigenen Welt.

Dädalos und Ikaros. Die alten Griechen, so weiß es die Sage, flogen schon, aber nicht sehr weit; ihr Versuch, aus Gänsefedern Schwingen zu basteln, war nur ein kurzes Vergnügen. Auf Wachs als

Klebstoff und Federn als Tragfläche ist kein Verlass, schon gar nicht, wenn sich, wie es der Erzähler wissen will, der Flieger mit solchen Schwingen der Sonne nähert. Dann schmilzt das Wachs und der Flug hat ein bitteres Ende.

Nun waren Ikaros und sein Vater – erst die Römer haben aus dem »o« ein »u« gemacht – nicht die einzigen sagenhaften Gestalten, die sich mit der Fliegerei beschäftigten. So wird auch der germanische Sagenheld »Wieland, der Schmied« zu einem Urahn der Flieger in Menschengestalt. Allerdings, und das ist bei phantastischen Modellen fast immer der Fall, musste der Schmied wie ein

Gegenüberliegende Seite: Die Glemser Weide ist ein idealer Start- und Landeplatz für Segelflieger. Unten: Der Paraglider liebt den Aufwind nahe am Hang.

Vogel mit seinen großen Flügeln schlagen, um davonfliegen zu können. Den Vogelflug haben viele nachzuahmen versucht, doch die Erfolge waren bescheiden. Die Segelflugzeuge unserer Zeit haben durchweg starre Tragflächen und obwohl sie über keinen eigenen Antrieb verfügen, können sie, sobald sie gestartet sind, über weite Strecken fliegen.

Der Schneider von Ulm, Albrecht Ludwig Berblinger, war der Erste, der mit starren Flügeln flog. Er nutzte die aufsteigende Warmluft am Eselsberg bei Ulm. Es darf als sicher gelten, dass ihm mehrere Gleitflüge gelangen. Doch seine Erfolge, die es zweifellos gab, wollte man nicht wahrhaben. Immerhin, der fortschrittsorientierte König Friedrich von Württemberg unterstützte zu Beginn des 19. Jahrhunderts Berblingers Arbeit mit 20 Louisdor, wohlgemerkt zu einer Zeit, als es noch zum guten Ton gehörte, jeden Flugversuch zu verteufeln.

Beim verhängnisvollen Flugversuch von der Ulmer Adlerbastei über die Donau am 31. Mai 1811 waren Vertreter des Königshauses unter den Zuschauern.

Berblinger bemerkte wohl, dass ihm der Abwind über der Donau Schwierigkeiten bereiten könnte. Die Ungeduld des johlenden Volkes allerdings und letzlich wohl der Versuch eines engagierten Polizisten, dem der rasche Vollzug des Fluges am Herzen lag, führten zum Absprung. Berblinger stürzte ab, aber kam heil davon. Nur das Volk der Gaffer stimmte einen hämischen Gesang an:

Dr Schneider vo Ulm
hot's Flieaga brobiert,
no hot'n dr Deifl
in d' Donau neigfiert.

In unseren Tagen erfährt der mutige Berblinger eine begründete Rechtfertigung. Sein Fluggerät hätte im warmen Aufwind am Eselsberg mit hoher Wahrscheinlichkeit funktioniert, doch der kalte Abwind über der Donau riss ihn in die Tiefe.

Der Ikarus vom Lautertal. Im Schwabenland gibt es weitere »Erforscher der Lüfte«. Einer von ihnen, Gustav Mesmer, hat bis gegen Ende des 20. Jahrhunderts gegen jede herrschende Meinung auf der Alb bei Buttenhausen, im Tal der Großen Lauter, in unzähligen Versuchen, unter anderem mit seinem Fahrrad, das Fliegen probiert. Er hat alle Welt verunsichert, wenn er wie ein Wilder mit seinem »Schwingenfluggerät« einen Feldweg hinabbrauste, immer in der Hoffnung, irgendwann einmal abzuheben und damit auch seinen irdischen Kümmernissen zu entfliegen. Wahrscheinlich hat er sogar mehrfach im Sprung den Boden verlassen, um nur kurz darauf wieder zu landen. Mehr ist eben nicht drin, wenn man mit einem Fahrrad mit Flügeln aus Latten und Tuch fliegen möchte.

Seine Vision, einen Flugverkehr von Dorf zu Dorf einzurichten, musste unerfüllt bleiben.

Ein kleines Museum in Buttenhausen erinnert an den schwäbischen Ikarus. Dort kann man seiner Art zu denken und zu fühlen näher kommen.

Otto Lilienthal war der erste Mensch, der wirklich erfolgreich flog. Mit ihm begann im Jahr 1891 die moderne Luftfahrt. Fünf Flugzeuge aus seiner Werkstatt stehen heute in den Museen. Von einem Hügel fünf bis sechs Meter über der Ebene nicht weit von Berlin flog er bis zu 25 Meter weit. Das ist nicht viel, aber wiederholbar. Berechenbare Prinzipien der Fliegerei waren mit Lilienthal entdeckt. Eine unerwartete Böe setzte seinem Leben im August 1896 ein frühes Ende. Sein Ideenreichtum und sein Mut wurden aber dennoch für viele Anhänger der Fliegerei zum Vorbild.

Ausziehen – Laufen – Los! Dieses Kommando am Startplatz der motorlosen Flugzeuge verstummte nach dem Ersten Weltkrieg. Die deutsche Luftfahrtindustrie ob mit oder ohne Motor sollte nach dem Willen der Siegermächte beseitigt werden. Flugzeuge wurden als Waffe verstanden. An die friedlichen Möglichkeiten der Fliegerei wollte man nicht glauben. Doch die Freunde der Segelfliegerei fanden, wie könnte es auch anders sein, schon bald Schlupflöcher in den hinderlichen Verträgen. Sie wollten fliegen und das gelang am ehesten im freundlichen Ausland und am besten mit motorlosen Segelflugzeugen.

Auf einem Gestell unter zwei mächtigen Flügeln sitzt der Pilot der frühen Jahre angeschnallt. Mit einem Sturzhelm und auf einem nicht an die Körperformen angepassten Sperrholzbrett. Zwar kann der Segelflieger auf einem derartigen Fluggerät die Aussicht nach allen Seiten genießen. Wind und Wetter ist er allerdings ausgesetzt.

Start. Nach dem Kommando: »Ausziehen! Laufen!« rennt ein Dutzend Helfer an zwei Start-

gummiseilen los. Sobald die Kräfte der Startmannschaft zu erschöpfen drohen, wird auf »Los« die Verankerung am Heck der Maschine gelöst. Rasch wird das Flugzeug schneller und schneller, das Startseil fällt ab. Im Aufwind gewinnt der Pilot mit seiner Maschine an Höhe.

Aller Anfang ist schwer. Die Wasserkuppe in der Rhön erreicht 950 m über Meereshöhe. Der Berg, ein erloschener Vulkan, war in den Jahren nach dem Ersten Weltkrieg die Wiege der Segelfliegerei in Deutschland. Hoch auf dem Berg schlugen die Herzen der Idealisten, die unentwegt neue Flugzeugtypen entwickelten und mutig, wie sie waren, auch erprobten.

Vor allem Studenten und andere »Verrückte« begannen, sich mit dem Segelflug zu befassen. Mehr und mehr orientierte sich die aerodynamische Form der Segelflugzeuge an den Gesetzen der Strömungslehre. Das zunehmende Verständnis der physikalischen Bedingungen an den Tragflächen, den Leitwerken und dem Rumpf führte zu immer leistungsfähigeren Maschinen. Aus plumpen »Kisten« wurden in wenigen Jahren elegante Segelflugzeuge. Den Motor vermisste man nicht. Ein ganz entscheidender Antrieb für die immer eleganteren Konstruktionen waren auch ästhetische Gesichtspunkte. Ein Musterbeispiel dafür war die »Minimoa«, ein Modell aus den Dreißigerjahren von Wolf Hirth.

Wolf Hirth, der Pilot und Konstrukteur wurde von seinen Flugschülern hochgeschätzt, bewundert, ja verehrt. Er, der ideenreiche, kameradschaftliche

Von der Adlerbastei startete Berblinger, um die Donau zu überqueren. Im rechten Bild das unglückliche Ende

Die Minimoa, eines der schönsten Segelflugzeuge, startete erstmals 1936 als »Göppingen Gö 3«.

Flugleiter wurde für seine wissenschaftlichen und sportlichen Leistungen als Segelflieger weltweit ausgezeichnet. Als er am Fujisan, dem heiligen Berg Japans, seine »Schönheitskönigin«, eben die Minimoa vorführte, ließen sich die eher zurückhaltenden Japaner zu wahren Begeisterungsstürmen hinreißen.

Später zog es Wolf Hirth in seine Heimat, ins Schwabenland, zurück. Vor allem auf den Hornberg, die Teck und die anderen Fliegerberge der Alb. Aus welchen Gründen auch immer sollte die Teck im Vorfeld des Zweiten Weltkriegs mit allen Mitteln zu einem »Segelfliegerparadies« ausgebaut werden. Aber Träume sind Schäume. Der Krieg brach aus, die großen Pläne verschwanden in den Schubladen. Die jungen Segelflieger sollten Kampfflieger werden und als der unselige Krieg endlich zu Ende war, gab es keine Segelfliegerei mehr. Doch die Zeiten änderten sich erneut. Die Alliierten gaben grünes Licht und wie durch Zauberei waren die Segelflieger und ihre Flugzeuge wieder da; in Einzelteile zerlegt hatten die »Maschinen« in Scheunen und Schuppen überdauert und damit alle Verbote.

Ella Maier, heute Frau Dangel, eine langjährige Mitarbeiterin von Wolf Hirth erinnert sich gerne an die Zeit der Zusammenarbeit im Team des berühmten Fliegers und Konstrukteurs Wolf Hirth. Immer neue Flugzeugtypen entwickelte der rast-

lose Mann in harter Arbeit. In Erinnerung bleiben seiner Mitarbeiterin vor allem die wagemutigen Erstflüge mit immer neuen Typen. Dabei schreckte der große Meister des motorlosen Flugs nicht vor seinen geliebten »Überschlägen« zurück, auch nicht wenn seine Assistentin mit an Bord war.

Wolf Hirth hielt in dieser Variante der Fliegerei einen besonderen Rekord: Er schaffte es, aus einer Höhe von 2100 Metern Looping an Looping zu fliegen, bis er knapp 15 Meter über dem Boden zur Landung ansetzte. Hirths Bemerkung zu diesem immer wieder hinterfragten Thema: »Man könnte ohne Anstrengung im Hangsegelflug 200, 500 oder vielleicht 1000 Überschläge fliegen, wenn das irgendeinen tieferen Sinn hätte.«

Die Volksnähe von Wolf Hirth genossen wir Jungsegelflieger. Begeistert waren wir, wenn der verehrte Wolf in seine Motormaschine, einen Tiefdecker vom Typ Klemm 25, einstieg und dabei ein Hosenbein hochzog. Unübersehbar war dann seine am Holzbein mit Reißnägeln festgemachte Socke. Diese »Attraktion« verdankte er im Übrigen nicht seiner Fliegerei, sondern einem Motorradunfall.

Für die deutsche Jugend von damals war Wolf Hirth ein Held, für die Amerikaner ein großer Sportsmann und dies nicht zuletzt, weil er am 10. März 1931 New York als Erster mit einem Segelflugzeug überflog. Ob er dabei Loopings drehte, ist nicht überliefert, aber wer ihn kannte, weiß, dass er diese, seine Lieblingsvariante des Segelflugs, nur selten ausgelassen hat. Die thermischen Aufwinde über der großen Stadt setzten der Flugdauer kaum eine Grenze. Nach 40 Minuten allerdings bahnte sich in den Straßenschluchten New Yorks ein Verkehrschaos an; Schaulustige verstopften alle Wege. Schließlich wurde Hirth's Landung durch die Polizei eingeleitet.

In unseren Tagen fliegen die Segler wieder um die Teck. Neue Startmethoden schonen die Muskelkraft. Es ist bequemer, mit Seilwinde und Schleppflugzeug zu operieren, als mit dem Gummiseil zu starten. Längst ist der Segelflieger wieder ein Zivilist, ein Sportsmann, ein Individualist. Eigentlich war er das schon immer.

Die Segelflugzeuge unserer Tage knüpfen an die Konstruktion der Dreißigerjahre an. Allerdings haben sich die Werkstoffe wesentlich verbessert. Auch die Gesetze der Aerodynamik konnten dank leistungsfähiger Windkanäle bis ins Feinste angewendet werden.

72

Aufwind am Trauf

Schädelspalter. Die einfachen Schulgleiter aus Holz, Leinwand und Drahtseil, wie die ESG, der Einheitsschulgleiter, von Kennern respektlos »Schädelspalter« genannt, sind heute Museumsstücke und Schauobjekte, die bisweilen an Fliegerfesten und Schautagen vorgeführt werden. Wenn es dann keine Mannschaft am Gummiseil gibt, dann schleppt ihn ein Sportflugzeug auf »Dienstgipfelhöhe«, sehr zur Freude des Publikums.

Hochleistungssegelflugzeuge der allerersten Klasse baut die Firma Schempp-Hirth mit ihren Mitarbeitern in Kirchheim. Die Flugzeuge fliegen in Wettbewerben auf der Hahnweide, dem idealen Platz im Blickfeld der Teck, aber auch nahe Berlin, nicht weit von Lilienthals Versuchsgelände. Weltweit sind diese Maschinen aus den Werkstätten im Vorland der Schwäbischen Alb die erfolgreichsten.

In rascher Folge landen die Segelflugzeuge beim Wettbewerb auf der Hahnweide nahe Kirchheim unter Teck.

Die Alb taucht auf

Über viele Jahrmillionen hinweg gab es für die Mitte Europas nur das Eine: Land unter! Erst nach der Kreidezeit, die auf die Jurazeit folgte, zog sich das subtropische Meer zurück. Bis in die Tertiärzeit hinein drängten aber Ausläufer des Mittelmeers immer wieder zwischen die Alpen und die aufsteigende Alb. Warum die Alb lange unter Wasser blieb, um dann aufzutauchen, hängt mit der Verschiebung der Kontinentalplatten unserer Erde zusammen, die – wie dies Alfred Wegener in aller Deutlichkeit darlegte – an der Gestaltung der Erdoberfläche entscheidend beteiligt sind. Zwar im Millimetertempo, aber unaufhörlich verändert sich das Bild der Erdoberfläche.

Aus dem uralten Mittelmeer wurden die Alpen hochgestemmt und weithin in riesige Falten gelegt. Das ist den Alpen bis heute anzusehen. Auch die ungeheure Energie der Kontinentalverschiebung lässt sich erahnen. Dieser Prozess ist keineswegs zu Ende. Spürbar wird das am ehesten, wenn von Erdbeben begleitet, Kontinentalschollen aufeinanderdrücken oder zerreißen. Geradezu abenteuerlich wirken die Bilder von gefalteten, harten Gesteinsschichten, wie sie der Wanderer beispielsweise in den Kalkalpen, besonders im Gottesackergebiet, fast wie in einem Bilderbuch antrifft.

Schließlich wurde der Meeresboden nördlich der Alpen gehoben, das Jurameer zog sich zurück, um nur noch gelegentlich im Tertiär zurückzukommen und sich dann bis zum heutigen Tag südwärts davonzumachen.

Das Kliff. Das tertiäre Meer hat seine Spuren noch lange nach seinem Rückzug bis zum heutigen Tag im Süden der Schwäbischen Alb hinterlassen. Eine Steilstufe von 20 bis 60 Meter Höhe im Oberjura, Kliff genannt, zeigt die tertiäre Brandungszone. Sie zieht sich weithin gut erkennbar aus der Ulmer Gegend zwischen Dischingen über Herbrechtingen nach Heldenfingen, Altheim und Westerstetten hin. Auf der Ulmer Flächenalb, südlich des Kliffs, wurden alle Kuppen, die die Schwäbische Alb sonst kennzeichnen, vom Jurameer eingeebnet. Diese Flächenalb ist heute ein bevorzugter landwirtschaftlicher Bereich.

Gegenüberliegende Seite: Die »wohlgebankten« Weißjurakalke entstanden in einem warmen Meer, das über Jahrmillionen hinweg Mitteleuropa bedeckte. Unten: Der Weg zum Kliff ist bei Heldenfingen nicht zu verfehlen.

Oben: In der Brandungszone des tertiären Meeres hat sich ein Kliff gebildet. Es ist bis heute zu erkennen. Unten links: In einer Zone mit häufigeren Erdbeben wird das Gestein zerrüttet. Verwitterungslehm erfüllt die Spalten. Unten rechts: Wo der Jurakalk der Witterung besonders ausgesetzt ist, bilden sich scharfkantige Karren.

Weiter westlich ist das Kliff nicht so leicht zu erkennen, bis es schließlich in der Gegend von Tuttlingen wieder deutlicher wird. Die Klifflinie erreicht schließlich in der Ostalb um die 600 Meter über N. N., im Westen sind es gar um die 850 Meter.

Bei Heldenfingen ist das Kliff besonders markant. Unmittelbar hinter den Häusern des Dorfes steigt die alte Brandungszone als Felswand auf. Bohrmuscheln und Bohrwürmer vor allem, die einst das Kliff besiedelten, haben ihre Bohrlöcher als Spuren hinterlassen. Für Schwämme und Korallen, eine große Zahl von Tintenfischen und Krebsen war das warme, tertiäre Meer ein idealer Lebensraum. Man kann sich denken, dass mancher Bewohner von Heldenfingen von den alten Zeiten träumt, vom warmen Meer, von der Brandung am Strand. Nur allzu weit sollte man die Illusion nicht weiterverfolgen; der Jurafels ist hart.

Der ehemalige Truppenübungsplatz Münsingen endet nicht weit von Magoldsheim mit dem Kliff. Dort wird der Übergang von der Kuppenalb zur Flächenalb deutlich. Steht man auf dem oberen Rand des tertiären Kliffs, liegt gar Nebel über dem Oberland, kann man leicht vom tertiären Meer träumen. Ein Leuchtturm fehlt noch. Aber der könnte ja zur Steigerung der Illusion und um die Besucherzahl zu erhöhen geliefert werden.

Die Gesteine und die Fossilien der Alb sind Geschöpfe des Jurameers. Zu den imposantesten Meerestieren jener Zeit gehören die großen Reptilien wie Ichtiosaurier und Plesiosaurier und nicht zuletzt eine Fülle von Tintenfischarten, zu denen die Ammoniten und Belemniten, die sich im Ölschiefer des Jura gut erhalten haben, gehören. Wer sie näher kennen lernen will, kann sie im Museum Hauff in Holzmaden oder im Foyer der Stadthalle in Eislingen besuchen und betrachten. Auch das Fossilienmuseum der Firma Holcim in Dotternhausen hat einen Besuch verdient.

Das Gebiet des nördlichen Rands der Alb mit dem Albtrauf ist hoch herausgehoben. Das hat bis heute Folgen für die Landschaftsgestaltung. Der Neckar, einst ein unscheinbarer, kleiner Nebenfluss des Rheins, hat sich durch den Zuwachs an Gefälle reichlich Wasser verschafft und hat sich, wenn man ein Bild dafür wählt, als »Raubritter« entpuppt, der der sehr viel älteren »Dame« Donau das Wasser bis heute ober- und unterirdisch abgräbt.

Wenn man in der Basaltkuppe, über die sich Burg Steinsberg nicht weit von Sinsheim erhebt,

Weißjuratrümmer findet oder gar im Vulkanschlot des Katzenbuckels im Odenwald, kann man sich ein Bild davon machen, dass das Jurameer nicht am Albtrauf Halt gemacht hat, sondern weit nach Norden vorstieß.

Der »Sieg« des Neckars über die Donau hängt ganz einfach damit zusammen, dass der Weg der Donau zum Schwarzen Meer mit rund 2888 Kilometern sehr viel länger ist als die Strecke von 1200 Kilometern des Rheins in die Nordsee. Entsprechend aggressiv sind die Neckarzuflüsse. Sogar unterirdisch greifen die Rheinzuflüsse die Donau an. Bei Möhringen nahe Tuttlingen und Fridingen versickert sie. Die Nutznießerin der Donauversickerung ist die Hegau-Aach, deren Wasser im Bodensee dem Rhein zufließt. Würde der Mensch die Sickerstellen nicht kontrollieren, ja sogar verschließen, wäre die obere Donau auch nur noch ein Nebenfluss.

Die Löcher der Bohrwürmer und Bohrmuscheln im Jurakalk des Kliffs stammen aus dem tertiären Meer.

Rückzug der Alb

Der Bergsturz. Am Hirschkopf, nicht weit von Mössingen, bilden die Felsen des Weißen Jura seit Menschengedenken den Albtrauf. Besondere Vorkommnisse wurden nicht gemeldet. In unseren Tagen aber liegen zerschmetterte Bäume und Felsbrocken als Trümmerhalde am Fuß einer neuen Felswand und weit hinab am Hang.

Während des Eiszeitalters waren Ereignisse dieser Art häufiger als in unseren Tagen. Der Geologe Helmut Hölder kartierte die Bergstürze und Bergrutsche entlang des Albtraufs und konnte dabei um die 100 Fälle nachweisen. So ist der Bergrutsch von Mössingen einer unter vielen, aber einer der großen, einer, den Menschen unserer Zeit miterlebt haben. Ein Modellfall dafür, wie sich der Trauf der Alb nicht nur in winzigen Schritten albeinwärts verlagert, sondern mitunter auch sprunghaft in katastrophalen Ereignissen.

Am Hirschkopf regnet es seit Tagen. Die mergelige Unterlage der Kalkbänke im Hang weicht auf. Die Gefahr wächst, dass Felsmassen am Albrand ihre Stabilität verlieren und ins Rutschen kommen.

Am Dienstag, dem 12. April 1983, liegen die Albberge im Nebel. Um 9 Uhr in der Früh' bemerkt der Revierförster auf seiner üblichen Kontrollfahrt durch den Wald unterhalb des 820 Meter hoch gelegenen Hirschkopfs nichts Außergewöhnliches. Kaum aber hat der Forstmann seine Fahrt beendet, ändern sich die Zustände im bisher so friedlichen Wald.

Armin Dieter berichtet: »Ohrenbetäubendes Splittern von Baumstämmen und Gepolter herabstürzender Felsbrocken begleiten das Ereignis. Gespenstisch langsam, aber unaufhaltsam rücken einzelne Baumgruppen, ja ganze Waldstücke über die Hangkante und bewegen sich talwärts. Gegen Abend verziehen sich die Nebelschwaden. Der Blick auf die völlig veränderte Traufkante wird frei.

Wo vorher ein Wald die Felskante verhüllte, steht jetzt eine nackte Wand. Gewaltige Brocken liegen an ihrem Fuß. Eine erste Berechnung ergibt, dass der Steilhang auf einer Breite von 600 Metern in Bewegung kam. Fünf bis sechs Millionen Kubik-

Gegenüberliegende Seite: Der Bergsturz am Hirschkopf ist unübersehbar, sowohl der Abriss als auch die Trümmerhalde im Wald darunter. Im Hintergrund der Kornbühl mit der Salmendinger Kapelle. Unten: Eine Warnung, die ernst zu nehmen ist!

Der Schaden ist groß, doch neues Leben kehrt zurück.

steinigen Boden. Das Leinkraut mit seinen großen gelben Blüten, Thymian und Golddistel, nicht zuletzt das Maiglöckchen fanden geeignete Lebensbedingungen. Den Orchideen und der Türkenbundlilie kam die neue Umwelt zustatten.

Auch nach der Rückkehr des Waldes zeigt das Bergrutschgebiet bemerkenswerte Abweichungen vom alten Lebensraum. Das gilt vor allem für die Tümpel, die entstanden, wo dichter Mergel und Lehm den Gesteinsschutt abdichteten. Für Grasfrosch und Laubfrosch sind diese Bergsturztümpel ein idealer Lebensbereich.

Dauergäste werden diese Zuwanderer aber wohl nicht bleiben; auf längere Sicht werden die Tümpel verlanden, zumal sie nicht von Quellen gespeist werden. Dass sich die Europäische Sumpfschildkröte am Wasser zeigt, war nicht ohne weiteres zu erwarten, dabei ist diese Art in der Umgebung von Mössingen bekannt. Nachdem die Schildkröten den Weg zum Wasser gefunden hatten, setzten sie sich erstaunlich gut durch. Einmal mehr wird die Anpassungsfähigkeit der Pflanzen- und Tierwelt an immer neue Verhältnisse deutlich. Schon zwei Jahre nach dem Bergsturz wirkt die Landschaft nicht mehr wie ein Trümmerfeld; nur die Alb ist wieder einmal ein Stück kleiner geworden.

meter abgebrochener Albtrauf liegen im Wald. Eine etwa 50 Hektar große Waldfläche wurde zerstört. Von der Hochfläche in 820 Metern Höhe stürzte die alte Kante der Alb um rund 250 Meter ab.«

Der Schaden war groß. Immerhin konnte das Baumholz noch im Spätsommer 1983 zu einem erheblichen Teil geborgen werden. Umso deutlicher trat das Trümmerfeld mit seinen neu entstandenen Freiräumen ins Blickfeld. Schon bald zeigte es sich, dass die Katastrophe auch zur Bildung neuer Lebensräume führte. Tümpel und Seen bildeten sich im unteren Bereich des Bergrutsches. In diesen Raum wanderten seltener gesehene Tierarten ein: Fuchs und Hase, Reh und Dachs, Marder und Iltis. Fuchs und Dachs nutzten vor allem die Möglichkeiten, im lockeren Absturzmaterial einen Bau anzulegen. Die Pflanzenfresser finden im lichten Gelände mehr Nahrung als vorher im dunklen Wald. Ganz entsprechend vermehrte sich ihre Zahl. Inzwischen hat ein junger Wald vom Neuland Besitz ergriffen. Die Zuwanderer wurden weitgehend aus der neuen Heimat verdrängt. Selbst die Wildschweine, die kurzfristig eine Rekordzahl von um die 100 Tiere im Bergsturzbereich erreichten, sind inzwischen zum größten Teil abgewandert.

Blumen im Chaos. Bemerkenswert ist die Entwicklung der Pflanzenwelt. Als Erster überzog der lichthungrige Huflattich die Trümmerflur. In den Jahren danach folgte die Walderdbeere auf dem nackten,

Ein junger Albtrauf. Bergstürze und Vulkanschlote belegen, dass der Albtrauf im Laufe der Jahrmillionen immer weiter nach Süden verlegt wurde.

Ein klassisches Beweisstück für diese anhaltende rückschreitende Erosion liefert interessanterweise ein berühmter Vulkanschlot bei Scharnhausen, auch Scharnhäuser Vulkan genannt. Dieses Naturdenkmal befindet sich auf der Gemarkung Ostfildern-Scharnhausen am Rande des Körschtals. Der Durchmesser des Schlots beträgt rund 60 Meter. Der dunkle Basalttuff ist die vulkanische Grundmasse. Beim Ausbruch des Vulkans wurde Gestein aus großer Tiefe nach oben mitgerissen, Granit zum Beispiel. Aufregender aber ist selbst für erfahrene Geologen die Tatsache, dass in der Schlotfüllung dieses Vulkans Kalksteinblöcke aus dem Weißen Jura eingebettet sind. Unzweifelhaft handelt es sich um Gestein, wie wir es von der Alb kennen, die heute rund 25 Kilometer vom Scharnhäuser Vulkan entfernt ist. Doch wie kommt Weißjurakalk in den Schlot von Scharnhausen?

Nur eine Lösung gibt es: Zur Zeit des Ausbruchs gab es eine Alb hoch über den Fildern und wohl noch ein gutes Stück weiter nach Nordwesten, Stuttgart zu. Die Kalksteinbrocken, welche

80

die vulkanische Eruption aus dieser »Uralb« herausgerissen hat, sackten im heißen Material des Vulkanschlotes tiefer und tiefer. So ist der Jurakalk vom Scharnhäuser Vulkan ein Zeugnis für das Maß der rückschreitenden Erosion in den letzten 16 Millionen Jahren.

Der Rückzug der Alb ist nicht zu Ende, weder am Hirschkopf bei Mössingen noch bei den Dettinger Höllenlöchern. Auch jede Rutschung im Kleinen, jeder Stein, der den Hang hinabkullert,

im Grunde jeder Regentropfen, der einen Krümel Boden wegspült, wirkt am Rückschritt des Albtraufs mit.

Eines noch: Sowohl das Gebiet des Mössinger Bergsturzes als auch des Scharnhäuser Vulkans stehen unter Naturschutz. Dass aus dem Scharnhäuser Schlot große Weißjura-Brocken verschwunden sind, hat nichts mit Vulkanismus zu tun, eher mit Leuten, die ihre Vorgärten oder Partyräume mit Exotischem aufwerten wollen.

Deutliche Zeichen für den Rückzug der Alb sind die Bergrutsche und Bergstürze am Albtrauf.

Von Hölle zu Hölle

Ein Weg führt durch die Felder in den Buchenwald und schließlich hinaus auf den von tiefen Spalten durchzogenen Albtrauf. Höllenlöcher nennt man diese Felsspalten hierzulande. Vom Nägelesfels geht der Blick hinaus über das Tal der Erms. Doch weshalb Nägele? Nach einem der Gründer des Schwäbischen Albvereins? In diesem Fall nicht. Das Felsennägele ist gemeint, die Pfingstnelke. Eine der anmutigen Vertreterinnen der Pflanzenwelt unserer Alb, der Steppenheide. Der Weg zum Nägelesfels führt vom Parkplatz an der Steige, die von Urach heraufkommt, gegenüber dem großen Steinbruch den Feldern entlang in den traufnahen Buchenwald. Von dort aus kann man Richtung Urach oder Buckleter Kapf dem einen oder andren Wanderweg folgen. Der Nägelesfels ist dann schon in Sicht.

Es lohnt sich, am Trauf des Eichfelsen zu verweilen, sich umzusehen und über das Ermstal zu schauen, hinüber gen Hohenurach und zum Runden Berg. Lange Zeit bewohnten Alamannen jenen wirklich runden Berg. Dann kamen als neue Herren die Franken. Sie vertrieben die »Ermstal-Schwaben« von ihrem Stammsitz. Von da an übernahmen fränkische Herren vom Hohenurach aus die strenge Herrschaft über das Land ringsum.

In der Morgenfrühe liegen die Rutschenfelsen, die gegenüber den Albtrauf bilden, in vollem Licht. Auch sie erheben sich über einer »Hölle«. Übrigens, Höllen gibt es in der Mittleren Alb reichlich: Nicht selten sind sie Vorboten von Bergstürzen, so

wie dies vor allem während der Kaltzeiten des Eiszeitalters der Fall war. Bis heute bilden die schroffen Abstürze an der Bruchkante für den Wanderer, der sich zu nahe an den Trauf wagt, eine Gefahr. Vor allem in der Dämmerung, bei Nebel, Schnee und Regen ist Vorsicht geboten.

Höllenlöcher. Wo der steile Pfad vom Nägelesfels nach Urach hinabführt, begleiten tiefe Spalten den Wanderer zur Rechten. Auch ein unheim-

Gegenüberliegende Seite: Eine eindrucksvolle Felsenkette im Oberjura schmückt das Ermstal zwischen Seeburg und Urach. Unten: Höllenlöcher werden vor allem die tiefen Abrissspalten am Albtrauf genannt.

liches Loch tut sich auf. Ein Höllenloch eben, aber
eher schon eine Höhle. In derart tiefen Löchern
und Spalten bleibt der Schnee nicht selten bis in
den Sommer hinein liegen. Wenn es dann noch
regnet, beginnt sich mancher Fels zu bewegen.
Kaum erkennbar, im Millimetertempo, aber über
viele Jahre hinweg, immer wieder. Nicht wenige
Felsen am Albrand wandern talwärts. Schließlich
kommt, was kommen muss: Einzelne Brocken

oder ganze Felsbänder beginnen, auf den Mergelschichten des Oberjura zu rutschen. Irgendwann
stürzen und donnern sie den steilen Hang hinab.

Während der Eiszeiten waren unsere Berge nicht
von schützendem Wald bedeckt. Viel häufiger kam
es zu Rutschungen und Bergstürzen als heutzutage.
Wurzelwerk der Bäume, das den Hang weitgehend
stabilisieren kann, fehlte damals. Wer ein Auge

dafür hat, entdeckt nicht wenige Bergstürze, die seit der Eiszeit den Albtrauf schmücken: Die »Alte Burg«, nicht weit von Gönningen, ist einer von ihnen. Das »Hahnenköpfle« unterhalb des Breitensteins ist gewissermaßen noch unterwegs. Auch das »Bölle« bei Beuren könnte der Rest eines Bergsturzes sein. Lange Zeit war man allerdings sicher, dass es sich hier um den Erosionsrest eines Vulkanschlots handelt. Die geomagnetischen Messungen von Otto Mäußnest entpuppten das Bölle als Rest eines Bergsturzes. Doch Meinungsverschiedenheiten unter Fachleuten bestehen immer noch.

Mitunter brechen einzelne Felsblöcke vom Albtrauf ab und das mit verheerenden Folgen. So wurde im Jahr 1960 an der oberen Donau nahe dem Schloss Bronnen die »Bronner Mühle« von einem herabstürzenden Fels zertrümmert. Die Müllersfamilie kam im Schlaf ums Leben. Nur ein Kleinkind überlebte unter einem umgestürzten Schrank.

Urach, die alte Residenz. Ein Bummel durch die bemerkenswerte, schöne alte Stadt lohnt sich. Der Marktplatz, der Fachwerkbau des Rathauses, der gotische Brunnen, ein Wasserrad, das sich wie in alten Zeiten dreht, das Schloss, die Amanduskirche und daneben das alte Seminar, die Schule, in deren Mauern sich Eduard Mörike und seine Freunde im Schoße der Evangelischen Landeskirche geborgen fühlten und doch bemerkenswert frei studieren durften.

Ein Gedicht von Mörike preist den romantischen felsgeschmückten Albtrauf über seiner Stadt. Ein Hymnus an die Freiheit:

Da seid alle wieder aufgerichtet,
Besonnte Felsen, alte Wolkenstühle!
Auf Wäldern schwer, wo kaum der Mittag lichtet
Und Schatten mischt mit balsamreicher Schwüle.
Kennt ihr mich noch, der sonst hierher geflüchtet,
Im Moose, bei süß-schläferndem Gefühle,
Der Mücke Sumsen hier ein Ohr geliehen,
Ach, kennt ihr mich, und wollt nicht vor mir fliehen?

Wo saß Mörike wohl, als er dies geschrieben hat? Aber wo immer man in Urach nach oben blickt zum Rande der Alb, dem Trauf, ragen weiße Felsreihen, die »Wolkenstühle«, aus dem Wald. Kein Wunder, dass der Dichter die Felsen am Albtrauf bei Urach besingt. So dicht wie bei Urach im Tal der Erms ist die Neckarseite der Schwäbischen Alb nirgendwo mit wahren Felsreihen geschmückt.

Weiter auf der Höllentour. Wer wandern will, hat von Urach aus viele Möglichkeiten. Anstrengend ist der Aufstieg zum Hohenurach. Es gibt Wanderer, die nach dem steilen Weg meinen: »Die Ruine wär no scheener, wenn's do hoba a Wirtschaft gäb'.« Der Blick geht von der Ruine hinüber zum Uracher Wasserfall, zu den Rutschenfelsen und schon wieder zu einer »Hölle«. In diesem Falle einem Trümmerfeld am Fuße der Felsenwand im

Die Rutschenfelsen bilden einen schroffen Talschluss über der »Hölle«.

wurde später die stählerne Rinne mit Wasser geschmiert und gekühlt.

Das Wasser lieferte der Rutschenbrunnen, der in einer Senke des Rutschenfeldes jahraus, jahrein Wasser liefert. Ansonsten sind Quellen auf der Alb selten. Ein wasserstauender Vulkanschlot speist den Brunnen. Nach wenigen Metern schon verschwindet der kürzeste Bach Württembergs in einer Felsspalte des Oberjura. Das verschwundene Wasser tritt unterhalb der Rutschenfelsen in der Hölle wieder zu Tage.

Neujahr. An einem schönen Spätsommertag sitzen zwei Forsteleven in weinseliger Stimmung auf einem frisch gefällten Stamm. Auf unsere Frage, was es denn zu feiern gäbe, kommt die sibyllinische Antwort: »Heit' ischt Nuijohr, des muaß mer doch feira!« Neujahr am 1. September? »Nadirlich, wann denn sonscht? Heute«, und von da an sprechen sie hochdeutsch, »beginnt nämlich das forstwirtschaftliche Jahr.« Ein Rätsel zunächst, aber verständlich, wenn man bedenkt, dass im Winter Holz gemacht wird und dann auch die Bauern Zeit und Pferde bereithalten können.

Der Weg durch die Hölle ist auf der Alb nicht so breit wie in der Bibel und schon gar nicht bequem. Aber er führt zu zwei bemerkenswerten Aussichtspunkten. Zur Rechten hinauf auf den Runden Berg, mit Zeugnissen aus der Alamannerzeit, zur Linken hinüber zum Rutschenhof und ein Stück weit zum gastlichen Naturfreundehaus »Bohrauer Hütte«. Weiter geht es durch den Wald zum Fohlenhof, einem Ableger des Landgestüts Marbach, so wie auch St. Johann und Güterstein.

Ein Abstecher führt hinauf zur Hoher Warte, dem Aussichtsturm, den der Schwäbische Albverein als Mahnmal für die Gefallenen der Kriege errichtet hat. An klaren Tagen reicht der Blick bis zu den Allgäuer Alpen und zur Kette der Schweizer Alpen.

Längental. Nach Norden geht der Blick knapp über den Wald ins Längental, der geheimnisvoller großen Mulde, in deren Dolinen das Wasser versinkt, um sich in der Tiefe den Güsterteiner Quellen zuzuwenden. Die uralte Richtung der Wasserläufe im Untergrund der Alb und der Flussläufe auf der Hochfläche hin zur Donau wird erkennbar. Erst später wurde auch dieses alte Entwässerungssystem von den Zuflüssen des Neckars angezapft und abgelenkt.

Randwanderungen im Gebiet der Rutschenfelsen sind nicht ungefährlich. Bei Schnee oder Nebel ist äußerste Vorsicht geboten.

Oberjura, den Rutschenfelsen. Wie von Riesenhand hingeworfene Felsblöcke liegen dort, unheimlich, schaurig-schön. Ein schmaler Wanderpfad führt durch das »Felsenmeer« unterhalb der Rutschenfelsen hinüber zum Runden Berg.

Der Name »Rutschen« ist außergewöhnlich und hat mit Bergrutsch nichts zu tun. Urheber des Namens sind einfallsreiche Holzfäller. Sie kamen auf die Idee, eine lange »Rutsche« aus Holz und später aus Eisen zu bauen. Auf diese Weise konnten sie ihr Scheiterholz auf dem schnellsten Weg, mit höllischem Donner, zu Tal fahren lassen. Ein heißes Unternehmen in jeder Hinsicht! Deshalb

Von Hölle zu Hölle

Der Rutschenbrunnen ist eine Besonderheit auf der wasser- armen Alb. Über einem Vulkan- schlot tritt Wasser aus, das schon nach wenigen Metern versickert. Unterhalb der Rutschenfelsen, in der Blockhalde der »Hölle«, kommt es wieder zum Vorschein.

Oben: »Glemser Weide« wird
die weite Ebene zwischen dem
Längental und den Felsen
über Glems genannt. Heute ist
das Gelände vor
allem Schafweide und
Segelflugplatz. Links unten:
Seit einiger Zeit steht
ein Kreuz auf dem Rossfels.
Rechts unten: Die Fünffingerfelsen sind mächtige
Schwammriffe, früher ein
Kletterparadies, heute
stehen sie unter Naturschutz.

Fels und Weide

Fels und Weide

Von Höllen bleibt man auf diesem Weg nicht verschont. Auf einer eisernen Leiter steigt der Wanderer in eine kühle Kluft hinab, in das Dettinger Höllenloch. Höhlenbildungen an den Felswänden sind unübersehbar, aber das Höllenloch selbst hat mit Verkarstung kaum zu tun; die bis zu 35 Meter tiefe und nur wenige Meter breite Felsspalte ist, wie könnte es anders sein, einmal mehr die Vorstufe zu einem gewaltigen Bergsturz. Aber bis es so weit ist, wird es zum Glück noch lange dauern.

Ein schmaler Fußweg führt durch die tiefe Spalte zwischen den hohen Felswänden bergan bis in die Nähe des Sonnenfelsens. Von diesem bemerkenswerten Aussichtspunkt hoch über Dettingen an der Erms reicht der Blick vom Hohenurach über das Dettinger Hörnle hinweg zum Hohenneuffen und zur Teck, deren Turm wie seit Jahren immer ein wenig schief zu sein scheint. Die Morgensonne lässt den Sonnenfels erstrahlen.

Zwischen Sonnenfels und Rossfels gibt es einige schmale, tiefe Spalten, junge Höllenlöcher gewissermaßen. Eine Verlockung für Höhlenforscher, aber ein wirklich gefährliches Unternehmen. Die Spalten werden nach unten breiter! Das heißt: »Nei kommt mr, abr raus?« Ich habe so einen Fall miterlebt. Obwohl wir lange Seile dabeihatten, war es schwierig, den eingestiegenen »Junghöhlenforscher« wieder ans Tageslicht zurückzuholen; Er fand mit den Füßen keinen Halt und pendelte hilflos am Seil hin und her. Fast eine Stunde ging

vorbei, bis wir ihn zu einem Durchschlupf geschaukelt hatten, durch den wir ihn endlich nach oben ziehen konnten.

Weiter am Trauf macht der Wanderer gewiss zwischendurch auf dem Olgafels Halt. Die sparsamen Schwaben haben ihn ihrer schönsten Königin Olga Romanowa gewidmet, ohne in die Tasche greifen zu müssen. Der Wanderweg führt ein gutes Stück dem Start- und Landeplatz der Segelflieger entlang. Dieser Bereich darf nicht betreten werden. Ein Sicherheitsstreifen links und rechts der Start- und Landebahn ist für Wanderer

gesperrt. »Schade«, denkt mancher Querfeldein-marschierer. Aber genauer betrachtet ist die Absperrung gut für die Pflanzen- und die Kleintierwelt. Sie bleibt auf diesem Streifen ungeschoren: keine Kräutersammler, keine Wurzelstecher, keine Mountainbiker und keine galoppierenden Pferde. Aber, man hält es nicht für möglich: Unmittelbar an der Abgrenzung muss man offenbar mit fehlgeleiteten »Naturfreunden« rechnen, die knapp vor dem Segelfliegerareal mit einem starken Messer ihre Lieblinge für den heimischen Ziergarten ausgraben. Kein schöner Zug dieser Sorte »Botaniker«.

Start. Steil nach oben startet das Segelflugzeug beim Windenstart. Spätestens wenn das Drahtseil abgeworfen wird, durch die Luft pfeift und auf den Betonstreifen knallt, erkennt der geneigte Beobachter, dass die Grenze zum Start- und Landebereich seiner Sicherheit dient.

Das Flugzeug hat die Höhe gewonnen, um im Gleitflug den Aufwind am Albtrauf zu erreichen.

An der Flugzeughalle gibt es ein kleines Restaurant. Nebenan steht das alte Schafhaus als Unterstand für die Herde mit einer Stube für den Schäfer. Man macht sich so seine Gedanken, wenn man das weite Rossfeld, Weide und Wälder überblickt und damit den großen, siedlungsfreien Raum. Ross, das ist der vornehmere Name für ein Haustier, das die Bauern dieser Gegend »Gaul« nennen. In der herzoglichen Zeit diente das weite Feld als Weide für edle Zuchtpferde.

Die Phantasie muss nicht mit dem Betrachter durchgehen, wenn er hier in die Vergangenheit zurückdenkt. Unsere alamannischen Vorfahren haben keine Tempel hinterlassen. Sie türmten zur Verehrung ihrer Götter auch keine Steine übereinander. Große, starke Bäume, Wald und Weide und vor allem die Schimmel unter den edlen Pferden waren ihnen gut genug, um Baldur, dem Gott des Lichts, zu huldigen. War das Rossfeld am Ende ein heiliger Hain?

Feldkreuze und Bildstöcke darf man auf der evangelischen Alb nicht erwarten. Erst seit jüngster Zeit ziert ein christliches Symbol, ein Gipfelkreuz den Rossfelsen. Ungewöhnlich und lange angefeindet. Inzwischen haben sich die Gemüter beruhigt, der regionale »Religionskrieg« scheint beendet. Es gibt nicht wenige Leute, die meinen, das Kreuz stünde dem Rossfelsen, dem mächtigen Felsklotz, dem uralten Schwammriff aus dem Jurameer, gut an.

Naturschutz im Wald und auf den Felsen. Die Pflanzen- und die Tierwelt werden ernst genommen. So ist die Zeit des Klettersports am Rossfels vorbei. »Schade«, sagen die Kletterer, »ein Glück«, die Freunde der Felsflora und der Tierwelt.

Ein Kolkrabenpaar kreist über Fels und Wald. Auch der Wanderfalke lässt sich wieder blicken. Selbst der Uhu soll zurück sein. Dass diese großen, wehrhaften Vögel nicht unbedingt in Frieden miteinander leben, sei am Rande vermerkt. Nach langem, heftigen Streit machen auch Kletterer den Naturschutz zu ihrer Sache. Das sieht man am besten, wenn man neuere Kletterführer studiert, erst vorsichtig, dann immer deutlicher und verpflichtender werden die Hinweise auf den Schutz der Natur. Viele Kletterrouten, die früher ganz selbstverständlich und in allen Einzelheiten beschrieben wurden, werden gar nicht mehr erwähnt. Manche Felsen, wie die Fünffingerfelsen, früher ein wahres Kletterparadies, sind ganzjährig gesperrt. Auch der Wanderer ist nicht mehr auf jedem Felskopf erwünscht.

Der Wiesfels hat sich zum Trainingsfelsen für Kletterschüler entwickelt. Die routinierten Kletterer lassen ihn eher rechts liegen. Dem Extremsportler ist er nicht hoch und nicht schwierig genug. Die Aussicht von der unscheinbaren Felsplattform ist aber großartig. An klaren Tagen geht der Blick bis zum Schwarzwald. Davor erhebt sich die Achalm und vor ihr das Rangenbergle mit seinem dunklen Waldschopf, in dem ein abgetragener Vulkanschlot steckt.

Der Grüne Fels, 803 m hoch, war bei den höheren Herrschaften in früheren Zeiten sehr beliebt, als Endstation einer Landpartie zur »Schönen Aussicht«. Gelegentlich zog es die feinen Damen und Herren aus der Stuttgarter Gesellschaft, als »Hautwollee« bekannt, nach St. Johann zum königlichen Gestüt. Für sie soll es sogar eine Kaffeelaube auf dem Grünen Fels gegeben haben.

Die morsche Bank auf dem Fels weist Spuren einer ehemals grünen Farbe auf und unzählige, sich überdeckende, dem Zahn der Zeit preisgegebene Namenskürzel. Die frühesten Eintragungen stammen aus dem Jahr 1954. Zum Glück lässt sich nicht feststellen, ob »MM« Marilyn Monroe bedeutet oder Martin Müller. Oder hat hier eben ein kleiner Lausbub gearbeitet, der ein Taschenmesser geschenkt bekommen hat?

Der Name »Grüner Fels« stammt gewiss nicht von der grünen Bank. Viel eher ist das grüne Gras

auf dem Fels gemeint, nicht anders als auf dem Wiesfels. Die Bauern mähten in schlechten Zeiten jeden grünen Fleck ab, um wenigstens ein Maulvoll Futter für ihr Vieh zu bekommen. Das hört sich sehr fürsorglich an, dabei war die Beziehung zwischen Bauer und Rindvieh nicht selten gespannt, weil eben das dumme Vieh nicht machte, was der Bauer wollte. »Mach, dass da en da Stall kommscht, du saudomms Mensch«, war noch eine milde Ansprache.

Was auf dem Berg geerntet wurde, brachten die Bauern auf leichten zweirädrigen Karren mit hohen Rädern, »Raiber« genannt, ins Tal, genauso wie es die Sizilianer heute noch tun. In schlechten Jahren war dem Landvolk kein Weg zu steil, um eine magere Ernte aufzubessern.

Weiter geht's. Zwischen den Fünffingerfelsen und dem Wolfsfels lockt für die Freunde der Finsternis noch das Glemser Höllenloch, eine schwierige, verzweigte und nicht ungefährliche Schachthöhle. Der unheimliche Name verbindet sie mit all den Höllen zwischen Urach und Ehningen, ihre Entstehungsgeschichte aber nicht. Das Glemser Höllenloch ist ein Ergebnis der Verkarstung und kein Abriss am Albtrauf. Ein letztes Höllenangebot erlebt der Wanderer noch beim Abstieg von der Eninger

Weide, die ihre Heidezeit hinter sich gelassen hat und wieder zum Wald geworden ist. Die Schlucht unterhalb der Hauptstraße mit dem alten Fußweg heißt – wie wohl? – Höll!

Muetes Heer. Ein letzter Grund dafür, warum in dieser Weltgegend so viele Höllen versammelt sind, ist schwer auszumachen. Waren es am Ende die Götter der Kelten oder die der alten Germanen, die als Geister und Teufel ihre Zeit überdauerten? Selbst in den mahnenden Worten einer Urgroßmutter an ihre herumtobenden Urenkel spielten die alten Götter noch eine Rolle: »Treibat ed om wia's Muetes Heer!« Was so viel bedeutet wie: »Führt euch nicht auf wie das wilde Heer des Donnergotts.« Das will bei einer denkbar kinderfreundlichen, frommen evangelischen Urgroßmutter etwas heißen. Dass uns die Ahnfrau mit dem Heer des alten Germanengotts Wotan, dem Muote, verglich, hat uns wenig berührt, aber die Alten waren im Hinblick auf dessen Existenz nicht ganz so sicher.

In den Raunächten zwischen Heiligabend und Dreikönig galoppiert der Muete, das weiß man ganz sicher, mit seinem wilden Heer durch die Lüfte und verbreitet Angst und Schrecken.

Weidbuchen zieren die offene Landschaft der Alb.

In den Armen der Alb

Blick auf Glems. Dieses kleine Dorf kann als Beispiel für andere gelten, die am Fuße der Alb liegen. Noch vor 50 Jahren war Glems klein und unscheinbar, versteckt hinter Obstbäumen und wogenden Getreidefeldern, und nicht zuletzt durch die weit in die Talmulde hineinreichende Stufe des Braunen Jura beta fast »unsichtbar«. Weder von Neuhausen noch von Metzingen aus konnte man das alte Glems sehen und schon gar nicht vom Nachbardorf Eningen.

Im Dreißigjährigen Krieg ist diese »Unsichtbarkeit« den Glemsern zugute gekommen. 16 Jahre lang blieb das Dorf einigermaßen von den Kriegswirren verschont. Überliefert ist, dass man damals alle Zugangswege zum Ort umpflügte und den Hähnen den Hals umdrehte. Bellende Hunde konnte man sich auch nicht leisten.

Nach der Schlacht bei Nördlingen am 6. September 1634, einer Entscheidungsschlacht im Dreißigjährigen Krieg, bei der die evangelischen Truppen vernichtend geschlagen wurden, waren die Soldaten der Sieger und auch der Besiegten nicht mehr zu bändigen. Selbst die »erzoberevangelischen« Schweden kannten weder bei den Katholiken noch bei ihren Glaubensbrüdern Gnade. Die Furie des Kriegs traf nicht zuletzt das kleine evangelische Herzogtum Württemberg hart. Plündernde, marodierende Horden erreichten auch das einsame, versteckte Dorf Glems. Von 375 Einwohnern im Jahr 1652 waren am Ende des Kriegs

noch 155 am Leben. Erst in der Mitte des 18. Jahrhunderts wurde die alte Einwohnerzahl wieder erreicht. Besonders hart traf es Böhringen, ein Dorf an den Verbindungswegen auf der Uracher Alb. Von 536 Einwohnern überlebten nur 70 den mörderischen Krieg. Die Lücken wurden nur langsam, nicht zuletzt durch Zuwanderer aus dem Allgäu, aus Vorarlberg und der Schweiz gegen Ende des 17. Jahrhunderts geschlossen.

Der Name Glems ist merkwürdig, vermutlich ist er keltischen Ursprungs, so wie auch die Namen vieler Flüsse, wie Rems, Fils, Erms, Echaz. Berge wie Teck, Neuffen und Jusi sind gewiss ein Hinweis darauf, dass das Land schon vor der alaman-

Gegenüberliegende Seite: Das ehemals versteckte kleine Dorf Glems ist kräftig gewachsen. Der Stausee in der Ferne ist nicht nur eine Idylle, vielmehr dient sein Wasser der Stromversorgung in Zeiten hohen Bedarfs. Unten: So ändern sich die Zeiten – aus dem Futtertrog wird ein Blumenkasten.

Links: Alte Bauernhäuser gibt es noch am Glemsbach. Rechts: Das Backhaus steht mitten im Dorf. Gegenüberliegende Seite: Am Albtrauf ist die Bodenkrume dünn. Der weiße Kalkfels wird freigelegt.

nischen Landnahme besiedelt und bewirtschaftet wurde. Ein Fachmann, Professor Eisenstuck, meinte im Gespräch, dass alle diese Namen vermutlich sogar vorkeltisch seien. So werden Namen zu Schall und Rauch und verlieren sich am Ende im Dunst der Vergangenheit.

Die Alamannen begannen Dörfer zu gründen, nachdem viele Römer ins schöne, warme Italien zurückgekehrt waren, nicht zuletzt aber auch, um beim Kampf um die römische Kaiserkrone mitzuwirken. Zunächst hielten sich die alamannischen Neusiedler an die großen weiten Täler: das Ermstal mit Dettingen ist ein Beispiel dafür.

Aber schon bald war Glems eine Tochtergemeinde, ein »Filial«, von Dettingen. Für einen eigenen Pfarrer war die Siedlung zu klein. Die enge Bindung zwischen Glems und Dettingen drückt sich bis heute in der Mundart aus. Wenn ein Glemser so richtig glemserisch schwätzt, kann ihn selbst der versierte Mundartforscher König kaum von einem Dettinger unterscheiden. Das habe ich selbst erfahren. In unseren Tagen werden jedoch nicht nur die feinen Unterschiede der Mundart eingeebnet, Hochdeutsch wird heutzutage schon den kleinen Kindern beigebogen und bevor sie das richtig kapiert haben, wird englisch gepaukt. Da ist es wirklich auch das Beste, Kinderlieder gleich englisch zu singen. Schade um unsere alten Lieder.

Das Leben in Glems ging über Jahrzehnte ohne große Veränderungen weiter. Natürlich hinterließen die beiden Kriege und das unselige »Dritte Reich« ihre Spuren.

Im Dorf blieben Straßen ungeteert, der zähe Lehm von den Hängen sammelte sich immer noch in der Dorfmitte. Jeder Regenguss führte zu knöcheltiefem Schlamm. Auf die Idee einen Fußweg anzulegen, kam man erst nach dem Zweiten Weltkrieg. Ein einziges Auto im Dorf sorgte für die Verbindung mit der großen, weiten Welt. Die Eisenbahn fuhr von der Station in Metzingen durch das Ermstal nach Urach und zurück. Eine Fahrkarte nach Glems gab es nicht. Die Arbeiter bewegten sich, wenn sie nicht zu Fuß gingen, mit dem Fahrrad in ihre Fabriken nach Metzingen. Nur der »Telefoner« machte die große Ausnahme. Tag für Tag knatterte er mit dem Motorrad an seinen Arbeitsplatz nach Reutlingen, um das Telefonnetz in Ordnung zu halten.

Das »Backhaus«. Für die Frauen im Dorf war es ein beliebter Treffpunkt. Nicht nur um Brot und Kuchen zu backen, sondern um die neuesten Nachrichten auszutauschen und unter die Leute zu bringen. Am Ende eines langen Tages wurde nur noch für das Herz gebacken: Zwiebelkuchen für die Männer, süßer Rahmkuchen für Frauen und Kinder. Wenn der Ofen geleert und das Backhaus aufgeräumt war, wurde es zum Treffpunkt. Zum Trinken gab es Apfelmost.

Die Backfrau begleitete ein Ehrenamt und wurde von den Frauen des Dorfes für einen längeren Zeitraum gewählt. Sie allein verteilte die Backzeiten mit dem Los. Wobei zu bemerken ist, dass, wer am ersten Tag die erste Backzeit zog, die ehrenvolle Aufgabe hatte, den Ofen mit Reisig anzuheizen. Auch das letzte »Los« war nicht begehrt,

Markante Fels-
gestalten hoch
über Glems. Von
links: der Wiesfels
für Kletterer, der
Grüne Fels für die
schönste Aussicht,
die Fünffinger-
felsen unter
Naturschutz und
ein Höhlenfels

denn die »Gewinnerin« dieser Backzeit hatte die
Verantwortung, den Ofen zu säubern.

An Regentagen, wenn die Feldarbeit liegen blieb,
wurde in einem Waschkessel mit Holzfeuerung
im Hof neben dem Haus gewaschen. Die luftige
Scheune war der Trockenplatz. Für die Kinder gab
es Seifenwasser und Strohhalme, ein größeres Vergnügen als Seifenblasen steigen zu lassen, konnte
es an solchen Tagen gar nicht geben.

Die meisten Häuser in Glems waren Bauernhäuser. 1933 gab es hundert Arbeiter im Dorf
und hundert Bauern. Heute gibt es nur noch
zwei, dafür sehr stattliche Bauernhöfe. Die Straßen sind inzwischen asphaltiert, auch Gehwege
gibt es. Der Bus verkehrt regelmäßig zwischen

Metzingen, Glems und Reutlingen. Die Bevölke-
rungszahl liegt bei 1100 Einwohnern und steigt
weiter.

Inzwischen hat das Dorf seinen alten Namen
so gut wie eingebüßt. Metzingen-Glems ist eine
neue, andere Größenordnung. 95 Prozent der
Glemser waren gegen die Eingemeindung in die
gar nicht so nahe Stadt.

Nach St. Johann. Vom Grünen Fels, dem Aussichtspunkt hoch über Glems, führen bequeme Wege
nach St. Johann. Für Bildung ist am Wegesrand
gesorgt. Ein kluger Mensch hat Sprüche aus der
reichen deutschen Literatur gesammelt, soweit sie
mit dem Wald zu tun haben. Den Weg entlang hat
man seine Weisheiten an die Bäume genagelt. Ein

Spruch ist besonders einprägsam: »Bäume sind wie Brüder, du kannst ruhig mit ihnen reden.« Der lernbeflissene Wanderer erfährt auf solchen Tafeln vieles über den Wert des Waldes, die Waldwirtschaft und die Waldbewohner. Reichlich viel, meint der geneigte Tafelleser und manch einem wäre der Wald ohne Instruktionstafeln noch lieber. Aber das ist eben Geschmackssache.

Eine Erinnerung an die zentrale Rolle des Gestütshofs St. Johann in der Pferdehaltung Württembergs sind nicht zuletzt die Stallungen für Zuchthengste. Das Württembergische Warmblut ist durch seine Ausdauer und Geduld ein ideales Bauern-, Polizei- und einst Kavalleriepferd.

Inzwischen haben die albeinwärts liegenden Gemeinden den Namen St. Johann als gemeinsames »Gütesiegel« übernommen. Statt Bleichstetten steht jetzt St. Johann-Bleichstetten, nicht anders bei St. Johann-Würtingen und St. Johann-Ohnastetten.

Lindenhof. Einen wissenschaftlichen Schwerpunkt im Raum St. Johann bildet die Universität Hohenheim mit ihrer großen Erfahrung im Bereich der Landwirtschaft. In der Nähe des oberen Lindenhofs nicht weit von St. Johann geht es vor allem um den Pflanzenbau. So machen Versuchsfelder deutlich, dass es immer noch interessant ist, Honigbienen und ihre Leistungskraft zu beobachten. Der Duft der blaublütigen Phacelia, der über den Blütenfeldern liegt, kann sich mit den Ländern am Mittelmeer sehr wohl messen.

Die blauen Felder der Phacelia duften weithin.

Bilder aus der Steppenheide

Robert Gradmann, Pfarrer und Botaniker, huldigt in seinem Werk »Das Pflanzenleben der Schwäbischen Alb« vor allem der Steppenheide, dem Trockenrasen also, und nicht zuletzt den Bewohnern der Felsköpfe, die den Albtrauf schmücken. Er prägte den Begriff Steppenheide und stellt damit eine Verbindung zwischen der Pflanzenwelt der Alb und den Steppen Mittelasiens her. Das mag zunächst merkwürdig erscheinen und empfindsame Seelen ein wenig ärgern, aber in den Kaltzeiten des Eiszeitalters, als sich die Steppenheide bewährte, herrschten im Vorfeld der Alpengletscher, also auch auf der Schwäbischen Alb, mittelasiatische Klimabedingungen.

Auf die Nähe zu den Lebensbedingungen der Steppe weisen auch die Funde von Resten der Saiga-Antilopen hin, die während der letzten Kaltzeit noch in unseren Breiten lebten, nicht anders als heute in den Steppen Kasachstans. Bis nach dem Zweiten Weltkrieg wurden die meist trockenen Flächen »auf dem Berg« nach dem Prinzip der Dreifelderwirtschaft genutzt: Sommerfrucht, Winterfrucht, Brache oder Hackfrucht. Von dieser hergebrachten Wirtschaftsform ist allerdings nicht viel geblieben. Auch die Fläche der unbestellten Felder, die im wesentlichen Distelsamen produzieren, nimmt zu. Um so schöner ist der Waldrand, wild und ungepflegt: Rotbuche, Vogelbeere und Bergahorn, Buschwerk, Himbeer- und Brombeerranken zeichnen diesen Lebensraum aus.

Die Schäferei. Nicht zuletzt den Schafen verdankt die Alb den niedrigen, duftenden, blühenden Bewuchs der waldlosen Flächen. Die Schafe halten Büsche und Bäume kurz. Dem raschen Wachstum der Buchen können sie kaum folgen. Immerhin werden die freistehenden Weidbuchen von den Schafen von unten her so weit zurückgebissen, dass ihre Zweige einen respektvollen Abstand zum Boden halten. Die Weidbuchen sind bemerkenswert schöne Bäume und typisch für die mageren Fluren der Alb.

Gegenüberliegende Seite: Die Geiß ist wieder da. Ziegen waren die Kühe der Armen. In unseren Tagen beginnt man, Ziegenmilch und Ziegenkäse mehr und mehr zu schätzen. Unten: Typische Weidbuchen

Silberdistel und Deutscher Fransenenzian

Kartäusernelke

Trauben-Steinbrech

Steinröschen oder Rosmarin-Seidelbast

Ästige Graslilie

Silberwurz

Fliegen-Ragwurz

Rotes Waldvöglein

Rechts: Von Bäumen überschattet hat es der Wacholder schwer. Gegenüberliegende Seite: Ideal für die beliebte Wacholderheide ist ein sonniger Hang wie hier im Großen Lautertal.

Bäume und Gebüsch sind problematische Begleiter der Pflanzenwelt der Steppenheide. Ein allgemeiner Schutz der Pflanzenwelt auf den Felsköpfen kann nicht das Ziel sein, vor allem wenn Sträucher und Bäume in Konkurrenz zu den Gräsern und Kräutern auf dem Fels stehen. Das wird deutlich, wenn man sieht, wo vor zwanzig Jahren die Felskanten im hellen Licht standen und inzwischen Buschbäume ihre Schatten auf die kleinen Kräuter und Gräser werfen.

Entdecker in Not

Die Schwäbische Alb ist ein Karstgebirge, so benannt nach dem Karst, einem Gebirgszug, der von Slowenien über Kroatien bis zur Adria reicht und sich vor allem dadurch auszeichnet, dass er aus Kalkfels besteht. Dieser harte, scheinbar für die Ewigkeit bestimmte, kohlensaure Kalk erweist sich dort und genauso bei uns als lösliches Gestein.

Ein wesentliches Merkmal der Karstlandschaft sind Auflösungsspuren, mitunter tiefe Rillen im Fels. Kohlendioxid (CO_2) aus der Luft löst sich im Regen- und Schmelzwasser, aber vor allem durch die Atmung der Wurzeln und Mikroorganismen im Boden und bildet mit dem Sickerwasser zusammen Kohlensäure (H_2CO_3). Eine schwache Säure zwar, aber auf lange Sicht vermag sie den Kalkfels aufzulösen. Schächte und Höhlen bilden sich. Nicht zu vergessen aber auch wunderschöne Tropfsteine.

Im Rückblick auf die Schulzeit kommt mein Chemielehrer ins Spiel, der seinen gespannten Zuhörern auf seine Art die nüchterne Chemie in witzige Bemerkungen verpackt beibrachte. In Sachen Kohlensäure war er besonders kreativ: »Doppelkohlensaures Natron, ja nicht mit doppelsohlenkauendem Nashorn zu verwechseln.« Damit erreichte er immer aufs Neue große Freude, vermischt mit totaler Verwirrung. Immerhin machte er schwer Lernbares zum leichten Wortspiel und chemische Zusammenhänge konnte er selbst an widerborstige Schüler vermitteln.

Jeder Tropfen löst nur ein wenig Kalk. Auf lange Sicht allerdings ist die Wirkung sichtbar.

In den Kalkgebirgen sind typische Formen der Verkarstung nicht zu übersehen. Auffällig sind insbesondere die Erdfälle oder Dolinen. Den Bauern sind diese Dellen in der Landschaft eher ein Gräuel, weil sie der Arbeit auf dem Feld im Weg sind.

Nicht selten brechen auf der Alb solche Erdfälle immer wieder nach, bis sich schließlich ein Schacht bildet, der bis in ein tiefer gelegenes Höhlensytem hinabreichen kann.

Im Einzugsgebiet der Falkensteiner Höhle sind Dolinen und Schächte häufig. Werden sie durch Schnee und Eis verschlossen, so kann sich wie auf

Entdecker in Not

Ein mächtiger Fels im Oberen Jura überwölbt die Falkensteiner Höhle, eine der großen unter den Albhöhlen.

kalt ist, steht einem Vorstoß nichts im Weg. Vier Tübinger Studenten machen sich bereit für eine Höhlenexkursion. Sie sind gut ausgerüstet und haben Höhlenerfahrung.

Die Täler sind von winterlicher Kaltluft erfüllt, doch oben auf der Hochfläche beginnt der Frühling einzuziehen. Der See verliert sein Wasser an die Schächte, die in die Falkensteiner Höhle hinabführen. Dort kommt es zu einer gefährlichen Überflutung.

Die vier erfahrenen Höhlengänger haben keine Schwierigkeiten voranzukommen. Ohne Mühe durchtauchen sie den ersten Siphon. Dort nähert sich die Höhlendecke dem Wasserspiegel. Nicht weit dahinter erklettern sie einen Blockversturz, einen Trümmerberg aus großen Blöcken, die früher einmal die Höhlendecke bildeten. Sie legen eine Rast ein und stellen fest, dass alles in bester Ordnung ist. Doch der Schein trügt! Einer bemerkt, dass das Wasser des Höhlenbachs seine Farbe ändert, es wird bräunlicher, Blasen treiben auf dem Wasserspiegel. Bei genauerem Hinsehen zeigt sich, dass der Höhlenbach zunehmend anschwillt. Wo gerade noch Luft zwischen Wasser und Höhlendecke war, beginnt sich ein langer Siphon zu bilden. Die Ausrüstung der vier Studenten ist für eine längere Tauchstrecke nicht tauglich.

Ein notdürftiges Biwak richten die vier auf dem Versturz ein. Der Luftraum bis zur Decke ist hier so groß, dass keine Überflutungsgefahr besteht, aber dennoch stehen unangenehme Stunden bevor. Auf Gedeih und Verderb sind die Höhlenforscher der weiteren Entwicklung des Wasserstands ausgeliefert. Dennoch bleibt die Stimmung unter den Eingeschlossenen gut, kameradschaftlich und diszipliniert, Panik kommt nicht auf.

Alarm. Bei mir zu Hause läutet das Telefon. Eine unbekannte Stimme meldet sich im Befehlston: »Ihre Höhlenfreunde sind in der Falkensteiner Höhle von Hochwasser eingeschlossen. Sie müssen sofort kommen und helfen!«

Als ich an der Höhle ankomme, stehen unterhalb des Höhlentors, umrauscht von einem schäumenden Bach, bis hinunter auf die Wiese unglaublich viele hilfsbereite Menschen dicht gedrängt. Ich werde von einem Dutzend junger Männer aus der Höhlen-AG des Esslinger Georgii-Gymnasiums begleitet. Schulleiter Bullinger unterstützt unsere Aktion. Rotes Kreuz, Feuerwehr, Technisches Hilfswerk und nicht wenige

der Hochfläche zwischen Grabenstetten und Erkenbrechtsweiler ein mehrere Quadratkilometer großer See bilden.

Höhlenrettung. Ein solcher Schmelzwassersee, der schließlich ein dramatisches Ereignis auslöst, entsteht im Dezember 1964. In den Tälern liegt noch Eis und Schnee. Für Höhlenforscher ein guter Zustand, denn solange es um die Höhle so eisig

Oben: Nach wie vor ist die Falkensteiner Höhle ein Anziehungspunkt für engagierte Höhlenforscher. Zur Falle kann die lange Höhle werden, wenn überraschend Hochwasser einbricht, wie im Dezember 1964.
Unten: Seit Jahren suchen Höhlentaucher wie Jochen Hasenmayer eine Fortsetzung des Blau-Höhlensystems. Gewaltige Hohlräume über Wasser wurden inzwischen von Höhlenforschern entdeckt. So der Nordgang der Vetterhöhle.

Berichterstatter der Medien sind vor Ort. Man zeigt sich sichtbar erleichtert, als ich mich bereit erkläre, die Rettung der in der Höhle Eingeschlossenen zu organisieren.

Mein erster, ich meine wichtiger Schritt ist ein Abkommen mit den Medien. Mit meinem Vorschlag, alle Stunde einen Bericht über die Lage abzugeben, sind alle zufrieden.

Wie schnell und weit sich Nachrichten verbreiten können, habe ich hier zum ersten Mal erfahren. Dass neben Einsatzkräften auch die Bergwacht und die Höhlenfreunde aus Laichingen so rasch am »Tatort« waren, ist erstaunlich. Der Lockruf der Buschtrommel muss es wohl gewesen sein.

Die lange Nacht. Nachdem die Laichinger Höhlenfreunde einen tiefen Graben im Höhleneingang ausgehoben hatten und der Wasserabfluss aus der Höhle damit ganz wesentlich beschleunigt wurde, steigt die Hoffnung, die Eingeschlossenen bald befreien zu können. Nur weiß noch keiner, ob und

wohin sie sich vor dem Höhlenhochwasser gerettet haben.

Erfahrene Höhlentaucher wie Jochen Hasenmayer, Walter Eisele und Alexander Wunsch sind bereit und in der Lage, eine Verbindung zu den Eingeschlossenen herzustellen. Das gelingt dieser Gruppe dank ihrer Erfahrung als Höhlentaucher und Kenner der Falkensteiner Höhle. In Büchsen verpackt nehmen sie Verpflegung und vor allem Verbandszeug mit. Es gelingt ihnen, die vier Tübinger Studenten aufzufinden und aus ihrer misslichen Lage zu befreien. Allerdings ist dazu ein zweiter Vorstoß nötig, um Wolldecken und heißen Tee zu den Eingeschlossenen zu bringen.

Vor der Höhle nimmt die Begrüßung der Geretteten Volksfestcharakter an, zumal das THW inzwischen eine Gulaschkanone angeworfen hat. Die hellwachen Vertreter der Medien kommen voll auf ihre Kosten.

Inzwischen ist man sich auf der Schwäbischen Alb klar darüber, dass die große Zahl

Die Wimsener Höhle oder Friedrichshöhle ist von Wasser durchflossen. Gerne wird sie mit einem Kahn befahren.

der Höhlen vor allem für Unerfahrene erhebliche Gefahren mit sich bringt. So wurde inzwischen ein Verein zur Höhlenrettung gegründet, der immer wieder gerufen wird; vor allem unvorsichtige Besucher von Schachthöhlen brauchen nicht selten Hilfe.

Der Wulfenbrunnen, auch als Wulfbachquellhöhle bekannt, ist zweifellos eine nicht ungefährliche, von einem Bach durchflossene Höhle im Kalkfels. Sie ist eine der längsten Höhlen der Schwäbischen Alb und liegt im oberen Donautal, nicht weit von Mühlheim. Die Höhle im Weißen Jura beta galt lange als unerforschbar. Schwierige Tauch- und Kletterstrecken wechseln sich ab, hohe Hallen und enge Schlupfe, insgesamt auf einer Länge von mehr als sechs Kilometern. Eine Höhle, die nur Höhlengänger und -taucher mit großer Erfahrung besuchen sollten und das nie alleine. Nach einem tödlichen Unfall in dieser Höhle blieb der Zugang für einige Jahre völlig gesperrt.

Mordloch heißt eine Höhle im Eybachtal. Hinter dem bösen Namen verbirgt sich tatsächlich auch eine böse Geschichte. So sollen Wilderer den Eybacher Schlossförster, nachdem er ihnen auf die Schliche gekommen war, umgebracht haben. Sie versteckten die Leiche in einer Höhle. Dort entdeckte des Försters Jagdhund seinen toten Herrn. Mordloch heißt die Höhle seither. Der Mörder, so weiß die Überlieferung, habe sich vom Ravensteiner Felsen gestürzt.

Blautopf. Von den Quellhöhlen der Alb ist der Blautopf bei Blaubeuren die berühmteste. Die Geschichte von der schönen Lau ist die schönste, die es von einer Albhöhle gibt, schließlich stammt sie von Eduard Mörike. Die Höhle hat man lange gesucht. Erst als die Entwicklung moderner Taucherausrüstungen so weit gediehen war, dass Taucher wie Jochen Hasenmayer schließlich sogar mit einem Höhlen-U-Boot stundenlang unter Wasser bleiben konnten, wurde die wassererfüllte Blautopfhöhle durchfahren.

Die erste große Tropfsteinhalle, die über dem Wasserspiegel liegt, nannte der Entdecker zu Ehren des Dichters »Mörikedom«.

Im Jahr 2006 erreichten geduldige Höhlenforscher nach langwierigen Grabungsarbeiten großräumige, tropfsteingeschmückte Hallen, die zum Blautopfsystem gehören.

Bärenhöhle und Nebelhöhle. Die berühmten Schauhöhlen der Alb, wie die Bärenhöhle mit ihren wunderbaren Tropfsteinen und den Skeletten der Höhlenbären, sind wirklich besuchenswert. Nicht weniger die Nebelhöhle, die von Wilhelm Hauff in seinem Lichtenstein als Unterschlupf des flüchtigen Herzogs Ulrich besungen wird.

Wimsener Höhle. Sie ist die einzige, die mit einem Kahn ein Stück weit befahren werden kann. Sie gehört zu den Sehenswürdigkeiten der Zwiefalter Alb. Den Namen Friedrichshöhle trägt sie nach König Friedrich I. von Württemberg, der nicht nur diese Höhle von Napoleon geschenkt bekam. Höhlentaucher sind dabei, weitere Abschnitte dieser Höhle zu erkunden.

Tauchgang in der
B.auhöhle

Tropfsteinkalender

Im Bombenhagel der Alliierten in der Nacht vom 16. April 1944 brennt Stuttgart und mit der Stadt das Neue Schloss. Trümmer säumen die Königstraße und den Schlossplatz. Ganze Wohngebiete liegen in Schutt und Asche. Ein Jahr nach Kriegsende findet im Landtag von Württemberg-Baden eine Abstimmung darüber statt, ob die Reste des Neuen Schlosses vollends abgebrochen oder im alten Stil wieder aufgebaut werden sollen.

Eine erhebliche Zahl der Abgeordneten stimmt für den Plan, einem Großkaufhaus Platz zu machen. Verständlich in den Jahren des Mangels. Aber zum Glück gibt es auch die andere Meinung. Mit nur einer Stimme Mehrheit wird der Baukörper des Schlosses gerettet sowie ein Teil der Innenausstattung. Das Ziel war klar: Das Neue Schloss ist am alten Platz zu restaurieren. Auch die Innenausstattung hat sich am gegebenen Vorbild zu orientieren. So weit das möglich war, wohlrestauriert und stolz wie einst, steht das Neue Schloss heute wieder am alten Platz. Leider hat man die Hohe Karlsschule, die Schule Schillers, nicht in den Wiederaufbau einbezogen.

Mit der Schlossfassade allein aber ist es nicht getan, man will mehr: So denkwürdige Plätze wie der Marmorsaal sollen möglichst exakt nach dem vorhandenen Vorbild wieder erstehen. Der leitende Architekt, Professor Rudolf Lempp, legt auf diesen Punkt größten Wert. Ihm geht es darum, dass alle Teile ihrem Vorbild möglichst nahe kommen, dies gilt auch für die Wandverkleidung der

Räume und der Flure. Eine wichtige Bedingung ist, dass ausschließlich Gesteine aus Alt-Württemberg verwendet werden.

Unter diesem Gesichtspunkt beginnt man, die passenden Materialien im Land zu suchen und zu sammeln, so zum Beispiel den rot-weiß gebänderten Böttinger »Marmor«. Er wird aus dem alten Bruch auf der Alb beschafft und so wie einst zugerichtet und poliert. Der zerstörte Marmorsaal erstrahlt bald im neuen Glanz.

Mich selbst erreicht ein Anruf von Herrn Lempp über den Steinbruchbesitzer Lauster. Für die Restauration fehlt dem Architekten zum

mutbaum ein Alter von 1500 Jahren, dabei eine Höhe von 112 Meter. Der Riesen-Mammutbaum Kaliforniens erreicht bei einer Höhe von 95 Metern sogar 2700 Jahre. Nicht wenige Eiben erreichen einen Umfang des Stammes von 16 Metern, manche werden über 4000 Jahre alt. Eichen können älter als 2000 Jahre alt sein und gelten wohl deshalb auch als Sinnbild für Stärke und Ausdauer. Die Linde kann sich mit diesen Daten durchaus messen. Das älteste Exemplar Europas wurde mit der Radiokarbonmethode auf 6000 Jahre bestimmt. Noch zwei Rekordmarken sind zu nennen: Der Ginkgobaum vom Yon-Mun-Tempel bei Seoul soll sogar 11 000 Jahre alt sein, der Älteste überhaupt ist eine Stechpalme in Tasmanien, die länger als 11 000 Jahre stehen soll. Man sieht, die Zahlen werden verschwommener, je älter die Bäume sind. Aber eines steht fest, dass ihre Lebensdauer mit der des Menschen nicht vergleichbar ist.

Zum Kalender wird der alte Stamm, wenn man beginnt, seine Jahresringe mit der Geschichte der Menschen zu vergleichen. Vor 11 000 Jahren begannen die Neandertaler sich zurückzuziehen, vor mehr als 4500 Jahren wurde die Cheops-Pyramide fertiggestellt. Im Jahre 9 n. Chr. siegten die Germanen im Teutoburger Wald, Pompeji wurde 79 n. Chr. durch einen Ausbruch des Vesuv zerstört. Im Jahr 1492 landete Columbus auf Guanahani, einer Insel der Bahamas und entdeckte damit Amerika. Ohne ins Detail gehen zu wollen, am 2. Juli 1900 startete das erste Zeppelin-Luftschiff.

Ob weißer, gelber oder blauer Sinter entsteht, hängt von der Zusammensetzung des Tropfwassers ab.

Schluss ein Tropfstein, der in dünne Scheiben gesägt, ein besonderer Schmuck für die zerstörten Marmorwände werden soll.

In der Nebelhöhle steht der passende Stalagmit. Ein massiger, über mannshoher Bodentropfstein, der, natürlich mit Genehmigung der zuständigen Behörden, von einem versierten Steinbrecher entnommen wird. In dünne Scheiben gesägt und mit Kunst- und Sachverstand zusammengefügt, schmückt auch dieses Material heute das Schloss in alter Pracht. Die zierlichen Linien, die durch den »Höhlenmarmor« ziehen, die Zuwachsringe des schönen Steins, sind durchaus vergleichbar mit den Jahresringen der Bäume.

Alte Bäume, die für ihr Alter berühmt sind, sind die Mammutbäume im Redwood National Park Kaliforniens. Unter ihnen erreicht der Küsten-Mam-

Tropfsteine kann man unter dem Gesichtspunkt ihres von Umweltverhältnissen geprägten Wachstums betrachten. In jüngster Zeit beschäftigen sich Geowissenschaftler mit dem Zusammenhang von Klimaentwicklung und Tropfsteinwachstum. Im Prinzip ist diese Abhängigkeit ganz einfach: Die Wachstumsschübe der Tropfsteine werden als Zuwachsringe, die in der Regel Jahresringe sind, gedeutet. Zugleich liefert ihr Wachstum Hinweise auf das jeweils herrschende Klima. In feuchten und warmen Jahren bringt das Tropfwasser mehr Kalk in die Höhlen, entsprechend schneller wachsen die Tropfsteine. In trockenen, kühlen Jahren ist der Zuwachs geringer, die Ringe werden enger.

Interessant mag es sein, dass auch die mit großem Aufwand gebohrten Eiskerne aus der Antarktis und Grönland Klimadaten liefern. Das gilt auch für Sedimentproben aus dem Meeresgrund, die mit den Tropfsteindaten durchaus vergleichbar sind. Die Bohrkerne, welche die Klimaentwicklung

unserer Erde über bis zu 800 000 Jahre zurück erschließen lassen, sind nicht gerade preiswert, aber sie liefern wertvolle Daten, auch zum Thema Klimawandel. In jüngerer Zeit wird das Wachstum von Tropfsteinen, das zweifellos klimabedingt ist, systematisch erfasst. Regenreiche Jahre und Dürrezeiten sind erkennbar und datierbar.

Türkische Geologen haben das Wachstum von Tropfsteinen über Jahrhunderttausende zurückverfolgt. Es zeigt sich, dass es möglich ist, das Tropfsteinwachstum mit bedeutenden historischen Ereignissen zu parallelisieren. Im Prinzip ist das ganz einfach: Geringer Zuwachs lässt auf eine regenarme Zeit schließen. Selbst das Versiegen großer Flüsse wie Euphrat und Tigris als Folge einer lang anhaltenden Dürre wird im Tropfsteinwachstum erkennbar. Es scheint sogar möglich, den Machtverlust einer herrschenden Dynastie als Folge einer

anhaltenden Dürre auf den »Tropfsteinkalender« zu beziehen.

Eine Reihe von Trockenjahren, von denen jedes Jahr nur einen schmalen Ring hinterlässt, waren in der Menschheitsgeschichte besonders schlimme Jahre, schließlich ist Trockenheit der größte Feind der Landwirtschaft. Am Nil und im Zweistromland waren die Menschen jener Zeit auf Tod und Gedeih vom Regen und dem Wasser ihrer Flüsse abhängig. Blieb der Regen ein paar Jahre nacheinander aus und brachten die großen Flüsse als Folge davon zu wenig Wasser für Felder, für Tier und Mensch, so konnte dieser Mangel leicht zu innenpolitischen Krisen führen. Und dies nicht zuletzt wohl, weil die Herrscher als Übermenschen, als gottähnliche Wesen empfunden wurden und damit auch für Gut und Böse verantwortlich waren, somit auch für Regen und Dürre.

Ein Erdbeben hat die Stalaktiten von der Höhlendecke geschüttelt. Deutlich erkennbar sind die Zuwachsstreifen der Deckentropfsteine der Bärenhöhle.

Die Burg des Riesen

Der Höhlenausgang des Heimenstein öffnet sich zum Lindachtal hin. Im Winterhalbjahr wird sein Höhlentor durch ein Sperrgitter von der feindlichen Umwelt getrennt. Der Wanderfalke soll während der Brutzeit seine Ruhe haben.

Schräg gegenüber, am anderen Talrand, erhebt sich der Reußenstein, auch er ein mächtiges Schwammriff aus dem Oberjura, das 760 Meter über dem Meer erreicht. Der hochaufragende Bergfried des Reußensteins stammt aus dem 14. Jahrhundert.

Vom Parkplatz auf der Höhe über dem Otto-Hofmeister-Haus führt ein bequemer Weg zum Heimenstein. Wer Sinn für Bühnenbilder hat, steigt auch in die Heimenstein-Höhle hinab und betrachtet die Landschaft durch den Spitzbogen des Höhlentors. Vom Fels bietet sich eine wunderbare Aussicht. Das war wohl schon zur Zeit des Riesen Heim so. Auf seiner schönen Burg hielt er es lange aus. Aber wenn er im Schatten des Abends von seinem kühlen Heimenstein hinüberschaute und auf der anderen Talseite den warmen Fels sah, den die Abendsonne anstrahlte, erfasste ihn ein tiefes Sehnen nach der anderen Seite des Tals, nach der wärmenden Welt, nach dem Fels, den man Reußenstein nennt. Heutzutage sind nur noch letzte Reste einer Burg Heimenstein aus dem 13. Jahrhundert erhalten.

Umzug. Dass dem riesigen Mann seine Behausung auf dem kühlen Heimenstein auf die Dauer nicht heimelig genug war, ist verständlich. Er wollte,

koste es, was es wolle, auf die andere Seite des Lindachtals. Dort, auf dem sonnigen Felsklotz, sah er in Gedanken schon eine neue, schöne, wohnliche Burg.

Wie es dazu kam, ist durch die Sage landauf, landab bekannt: Mit Donnerstimme rief der Riese Heim vom Reußenstein ins Tal hinaus: »Kommt herauf, ihr Zwerge, und dient mir, eurem Riesen, beim Bau einer Burg auf diesem hohen Fels! Es wird euch nicht gereuen.«

Den Bauern und den Handwerkern im Lindachtal war die Stimme des Riesen zwar nicht

Gegenüberliegende Seite: Über die Ruine Reußenstein geht der Blick hinaus ins Albvorland. Unten: Klettern am Reußenstein ist nicht jedermanns Sache.

unbekannt, aber dennoch unheimlich; sie klang wie Donnergrollen. Geld hatte der große Mann genug, um sich die schönste Burg bauen zu lassen. Schließlich waren auch verstockte Menschen, die nicht gerne für Riesen arbeiten, bereit, für ein Riesengeld den Fels zur Baustelle zu machen. Alle Wünsche des Bauherrn konnten sie erfüllen. Da war ein Hämmern und Sägen, ein Steinerücken und Ziegelbrennen, da wurden Bäume gefällt und zurechtgehobelt. Immer war auch der aufmerksame Riese auf der Baustelle. Das Werk gedieh, eine neue gewaltige Burg erhob sich schließlich wie geplant über dem Tal.

»Zahltag!«, dachten die Bauern, als der Heim sich auf dem Bergfried blicken ließ. Aber so schnell zahlt ein schwäbischer Riese nicht. Vor der Entlohnung inspizierte er seine neue, schöne, große Burg bis ins Kleinste. Am obersten Turmfenster fehlte seiner Ansicht nach noch ein Nagel in der Außenwand, Grund genug für den pingeligen Herrn des hohen Hauses, den Lohn erst zu bezahlen, wenn auch dieser letzte Nagel eingeschlagen war.

So standen die Maurer, die Zimmerleute, die Schlosser und die Schreiner am Fuße der Riesenburg und warteten auf ihren Lohn. Sie wackelten

mit den Köpfen, aber keiner hatte den Mut, den berechtigten Lohn von ihrem Riesen einzufordern. »Freiwillige vor!«, rief der befehlsgewohnte Burgherr. Aber wie so oft, sobald es ernst wird, werden Freiwillige knapp. So fand sich zunächst gar keiner, der bereit war, sein Leben für einen Nagel hoch oben am Turm zu riskieren, bis schließlich ein Schlossergeselle die Hand hob. Einzig und allein er wollte die schwierige Aufgabe auf sich zu nehmen. Dafür hatte er einen guten Grund: Mit dem verdienten Geld gedachte er so bald wie möglich Hochzeit zu feiern.

Der Nagel im Turm. Dem Riesen gefiel der junge Mann. Er packte ihn so sanft, wie es einem Riesen eben möglich ist, im Genick und hielt ihn hoch über das Tal zum Turmfenster hinaus. Handwerker und Neugierige, die am Fuße der Burg standen, erschauerten.

Der Geselle hatte den passenden Nagel dabei und den richtigen Hammer. Er fand auch die richtige Stelle in der Wand und hämmerte den eisernen Stift am gewünschten Platz ein. Jetzt war er der Mann des Tages, weil nun auch alle anderen Handwerker ihren Lohn bekamen und mit ihm feierten. Am meisten freute sich der Geselle, ihm schenkte der Riese über den Lohn hinaus noch eine Handvoll Gold und Schmuck. Die Kirchenglocken läuteten für den Schlosser und seine allerliebste Braut.

Der Riese geht. Ob ihn der Jubel des Volkes noch erreichte, ist nicht verbürgt. Doch irgendetwas gefiel ihm offenbar nicht am Reußenstein. Schließlich war der Riese Heim schon immer ein ganz besonderer Riese, einer von der anspruchsvollen Art. So verlor er, kaum war die Burg gebaut, die Freude an seinem neuen Heim. Weshalb weiß keiner. Mit Riesenschritten soll sich der Heim davongemacht haben. Wo er seinen Riesenfuß in den Hangschutt drückte, entspringt bis heute ein klarer Quell als Ursprung des Neidlinger Wasserfalls.

Der Riese war im Übrigen nicht aufzuhalten. Er kam auch nie mehr zurück. Nur Burg Reu-ßenstein mit ihrem mächtigen Burgfried aus dem 14. Jahrhundert, es kann auch das 15. gewesen sein, steht bis heute.

Aus glaubwürdiger Quelle erfährt man, dass sich die Geschichte mit dem Heim genau so zugetragen hat. Zeugen wie die Quelle und den Wasserfall gibt es bis heute. Am schönsten aber ist es im Tal der Lindach, wenn die Wiesen im Tal und im Wald die wilden Kirschen blühen.

Bis heute ist der Reußenstein schon wegen seines massigen Turms eine weithin sichtbare Landmarke, aber auch ein lohnendes Ziel für Wanderer. Wagemutige Kletterer schätzen den rauen Fels. Einige wenige klettern, wohl mit Genehmigung, am Bergfried. Vom Reußenstein reicht der Blick weit hinaus über Tal und Berg, Dörfer und Städte in blauer Ferne.

Links: Am Neidlinger Wasserfall.
Rechts: Eine märchenhafte Sage rankt sich um die Burg Reußenstein.

Albvulkane und ihre Spuren

17 Millionen Jahre sind vergangen, seit die Alb ein aktives Vulkangebiet war. 350 Ausbruchsstellen haben Geologen bisher in der Mittleren Alb festgestellt. Es können auch ein paar Schlote mehr sein, denn nicht alle Stellen eines vulkanischen Ereignisses sind oberflächlich ohne weiteres erkennbar. Mit modernen Ortungsgeräten, die letztlich die Abweichung der Magnetfelder eisenhaltiger Vulkanite vom Magnetfeld der Erde anzeigen, haben Geologen, vor allem der Geophysiker Otto Mäußnest, eine ganze Reihe früher unbekannter Vulkanschlote entdeckt. Auch Flurnamen haben den wachen »Vulkanjäger« auf mögliche Schlote aufmerksam gemacht. So hat er auf der Erkenbrechtsweiler Berghalbinsel in der Senke nördlich von Grabenstetten in den wasserverdächtigen Fluren »Birkweide« und »Seelenau« mit seiner Methode Magnetismus und damit zwei Vulkanschlote entdeckt.

Andere, längst als Vulkanschlote anerkannte Bereiche hat er entzaubert. So ist das Bölle bei Beuren auf den älteren geologischen Karten als roter Fleck eingetragen und galt bislang als Erosionsrest eines Vulkans. In Wirklichkeit aber handelt es sich wohl um die Reste eines Bergsturzes, der große Felsbrocken enthält. Magmatisches Material fehlt. Die Feldwaage von Otto Mäußnest reagiert nicht am Bölle. Auch fehlen Hinweise auf Vulkanite. Ganz entsprechend verlief eine Messreihe an der »Alten Burg«, sechs Kilometer südwestlich von Reutlingen. Auch dort entpuppte sich ein bis dahin anerkannter Vulkanschlot als Rest eines alten Bergsturzes.

Das Randecker Maar ist unter den Albvulkanen besonders eindrucksvoll. Besucher schauen vom Rand des Maars in einen Sprengkessel mit einem Durchmesser von 1100 bis 1300 Meter und einer Tiefe von rund 100 Meter.

Während der vulkanischen Zeit der Alb, im Tertiär, und noch lange danach war das Randecker Maar von einem See erfüllt und damit durchaus vergleichbar den sehr viel jüngeren Maarseen in der Eifel.

Solange es im Randecker Maar einen See gab, setzte sich auf dessen Grund Kalkschlamm ab. Dieser 50 Meter mächtige Schlamm erhärtete

und zeigt heute eine blättrige Struktur. Zahlreiche kleine Fossilien wurden in diesem schieferartigen Gestein, Disodil genannt, entdeckt und geborgen, dabei bemerkenswert gut erhaltene fossile Frösche, Molche, ja selbst Kleinschmetterlinge. Interessant sind auch die Abdrücke von Blättern von mehr als 150 Pflanzenarten, unter ihnen Mahagoni und Palmen, Zeugen eines deutlich wärmeren Klimas. Ob es zu jener Zeit auch Proteste gegen den Klimawandel gab, ist nicht überliefert. Einige Museen zeigen Fossilien vom Randecker Maar, so das Naturkundemuseum in Stuttgart und das Urweltmuseum Hauff in Holzmaden.

Die Zeit des Maarsees ist längst zu Ende. Sein Wasser fließt heute als Zipfelbach ab. Dieser Bach schneidet das Kraterrund von Norden her auf und entwässert damit das Maar. Diese Arbeit hat der Bach, der Hepsisau zufließt, bis heute nicht eingestellt. Im Bett des ungestümen Waldbachs liegt grauer Vulkantuff neben hellen Kalkfelsblöcken, so wie sie das Hochwasser aus dem Krater mitbringt und talwärts transportiert.

Im Gedächtnis der Zugvögel scheint sich die alte Wasserfläche des Randecker Maars eingeprägt zu haben. Bis heute wählen Zugvögel wie Kolkrabe, Schwarzmilan, Rotmilan und Turmfalke, Schwalben und Mauersegler ihren Weg nach Süden über das Randecker Maar, und das, ohne den alten See vorzufinden. Inzwischen stillt ein kleiner, für sie angelegter Teich den Durst der Zugvögel und lädt sie ein, eine Dusche zu nehmen. In unseren Tagen ist das Maar und sein ganzes Umfeld Teil eines

der bemerkenswerten Naturschutzgebiete auf der Alb. Betreut wird es vom Naturschutzzentrum Schopfloch.

Entstehung. Der vulkanische Ursprung dieses Kraters wurde erstmals vom Geologen Wilhelm Branco erkannt. Außer dem Randecker Maar konnte er schon damals 133 Ausbruchstellen benennen. Auch die Ähnlichkeit der Albschlote mit den vulkanischen Erscheinungen der Eifel, vor allem ihren Maaren, wurde von ihm bemerkt.

Inzwischen geht man davon aus, dass die verheerenden Eruptionen sowohl in der Eifel als auch auf der Alb vor allem auf schlagartige Dampfexplosionen im Grundwasserbereich zurückzuführen sind. Die Berührung der glutheißen Lava mit dem Wasser der Tiefe bewirkt heftige Explosionen. Ist der Weg nach oben freigeräumt, drängt Lava nach und führt dabei Brocken aus dem anstehenden Gestein mit sich. Bei einem Durchmesser des gesamten Vulkangebiets von mehr als 40 Kilometern fällt es schwer, von einem einzigen Schwäbischen Vulkan zu reden. Vor allem, nachdem inzwischen die Zahl der Ausbruchspunkte 350 überschritten hat, kann man wohl zur Bezeichnung »Schwäbische Vulkane« oder »Albvulkane« zurückfinden.

Geothermik. Am Rande von Urach hat man Bohrungen bis in 3500 Meter abgeteuft, in der Hoffnung, auf heißes Wasser und leicht zu gewinnende geothermische Energie zu stoßen. Aus diesem Versuch bei Urach ist nichts geworden. Dabei hat das Interesse an geothermischer Energie weit und breit erheblich zugenommen. Diese Form der Energiegewinnung würde die Kartoffel-, Mais- und Rübenfelder, die die man nur anlegt, um Treibstoffe herzustellen, schonen und ihrer biologischen Bestimmung näherbringen. Auch der Wald würde von dieser Umstellung profitieren. Die Bohranlage in Urach ist inzwischen abgelegt. Ein Grund dafür mag auch sein, dass die Bohrung in unmittelbarer Nähe der Stadt nicht nur Positives, sondern auch Negatives produzieren kann. Schließlich weiß man von vergleichbaren Anlagen, dass sie zwar die gewünschte Energie liefern, aber dabei einen wahren Höllenlärm produzieren und das abfließende Wasser mit Schadstoffen belasten. Auch schwefelige Dämpfe, mit denen man rechnen muss, sind nicht jedermanns Sache.

Das Schopflocher Hochmoor ist nicht weit vom Randecker Maar entfernt. Es hat sich ebenfalls aus einem wasserundurchlässigen Vulkanschlot entwickelt, einem See, der im Laufe der Jahrtausende verlandete. Der »Schopflocher See« entwickelte sich schließlich zu einem Hochmoor. Heute ist dieser Platz ein bedeutendes Naturschutzgebiet. Der Abbau von Torf ist längst beendet. Ein Bohlenweg, bei dem man auch an Rollstuhlfahrer gedacht hat, erschließt die Schönheit des Schopflocher Moors. Ein Tümpel weist auf vergangene Zeiten hin. Schwertlilien und Schachtelhalme schmücken sein Ufer.

Annette von Droste-Hülshoff hat um 1842 ihre Gedanken über das Moor in Gedichtform gebracht. Nur zwei Verse aus »Der Knabe im Moor«:

Nicht weit vom Otto-Hofmeister-Haus führt ein gepflegter Bohlenweg durch das Schopflocher Hochmoor.

Oh schaurig ist's, übers Moor zu geh'n,
wenn es wimmelt vom Heiderauche,
sich wie Phantome die Dünste drehen
und die Ranke häkelt am Strauche.

Unter jedem Tritte ein Quellchen springt,
wenn aus der Spalte es zischt und singt,
oh schaurig ist's, übers Moor zu geh'n,
wenn das Röhrich knistert im Hauche.

Das Moorwasser fließt sowohl nach Westen zur Doline »Wasserfall« ab als auch nach Nordosten in eine andere tiefe Doline, das Stauchloch. Schaut man sich genauer um, lassen sich rings um das Moor Dolinen nachweisen. Das verschwundene Wasser kommt, das zeigen Färbeversuche, in der Höllsternquelle nahe Oberlenningen ans Tageslicht und speist die Lenninger Lauter.

Die »Vulkanberge« vor der Alb allerdings, wie Georgenberg, Florian und Limburg, um nur drei Beispiele zu nennen, sehen aus, als seien sie einst feuerspeiend gewesen. Für den Berg gilt es nicht, aber sehr wohl für den zentralen Schlot, der hoch über dem heutigen Gipfel auf der Höhe einer Uralb ganz ähnlich funktionierte wie das Randecker Maar. Mit anderen Worten, man muss nur lange genug warten, dann sieht das Randecker Maar aus wie heutzutage die Limburg und das Hochmoor wie in unseren Tagen das Randecker Maar.

Rätselhaft mag es erscheinen, dass 25 Kilometer entfernt vom Albtrauf in der Füllung eines Vulkanschlots im Körschtal bei Scharnhausen Brocken aus dem »wohlgebankten Kalk des Weißen Jura beta«, also dem Mittleren Jura vorkommen. So gesehen legt der Albvulkanismus auch ein Zeugnis dafür ab, dass es seit Jahrmillionen einen durch »rückschreitende Erosion« immer südlicher liegenden Albtrauf gibt.

Alb und Eifel. Der Vulkanismus der Schwäbischen Alb lässt sich mit dem sehr viel jüngeren Vulkanismus der Eifel vergleichen. Für Badewasser reicht die Wärme der Tiefe aus. Auch als begehrtes Mineralwasser spielt das CO_2-haltige Thermalwasser aus der Tiefe eine Rolle, in der Eifel und auf der Alb. Man denke an die Bäderreihe im oberen Filstal, zu der Bad Überkingen und Bad Ditzenbach gehören.

Weltberühmt ist die Eifel für ihre Maare. Diese Bezeichnung für vulkanische Sprengtrichter, die sich später mit Wasser füllen, ist inzwischen ein wissenschaftlicher Fachbegriff, der auf der ganzen Welt verstanden wird. Der Erfindungsreichtum der Eifelianer wird spätestens erkennbar, wenn sie aus einem kleinen, verlandeten Maar ein »Määrchen« machen.

Im Gegensatz zum Alter der vulkanischen Ereignisse in der Schwäbischen Alb ist das Ulmener Maar das Ergebnis des jüngsten Ausbruchs in der Eifel. Man kann das Ausbruchsdatum auf 11 000 Jahre vor heute recht genau festlegen. Menschen der Steinzeit haben diese Naturkatastrophe also noch miterlebt. Als der Laacher See entsteht, rast eine Glutwolke durch das Brohltal bis über den Rhein. Die vulkanische Asche dieses Ereig-

Links: So wie das Pulvermaar in der Eifel mit seinem kreisrunden tiefen See darf man sich den Krater des Randecker Maars nach dem Ausbruch vorstellen. Rechts: Ein Basalt-Tuffbrocken aus einem der Albvulkane enthält ein Stück Jurakalk, das er aus der Tiefe mitgerissen hat.

nisses erreicht selbst die Insel Gotland, Südschweden und die Poebene. Ein dunkles Leichentuch legt sich über Mitteleuropa.

75 Maare sind in der Eifel nachgewiesen. Neun von ihnen sind mit Wasser gefüllt, Teil einer romantischen Landschaft. Einer der schönsten Maarseen ist das fast kreisrunde, tiefe Pulvermaar.

Nur wenige der Albvulkane waren feuerspeiende Berge über längere Zeit. Basalt floss aus dem Krater des Sternbergs. In einer Spalte des Oberjura bei Grabenstetten ist der Glutfluss erstarrt. Man kann sich den glühenden, flüssigen Basaltstrom in dieser Spalte gut vorstellen, obwohl die Zeit des »Schwäbischen Vulkanismus« längst vergangen ist.

Der Hohenbol nordwestlich der Teck ist ein Erosionsrest des ehemals höheren Vulkanschlots.

Beschuss aus dem All

Rund 15 Millionen Jahre ist es her, dass zwei Himmelskörper, Meteorite oder Asteroiden genannt, ein großer und sein »kleiner Begleiter«, mit der unglaublichen Geschwindigkeit von 20 Kilometern pro Sekunde, das wären 72 000 km/h, auf die Erde zurasten. Sie kamen aus südwestlicher Richtung. Der kleinere schlug in die östliche Alb ein, wo es heute die Gemeinde Steinheim am Albuch gibt. Der große erreichte die Erde nicht weit vom heutigen Nördlingen. Beide Asteroiden hinterließen tiefe Spuren.

Der Einschlag des großen Himmelskörpers mit einem Durchmesser von etwa 1000 Metern führte zu einem Krater von 24 Kilometer Durchmesser und prägte eine bemerkenswerte Landschaft: das Ries.

Lange waren sich die Wissenschaftler über die Natur des Rieskessels alles andere als einig. Da war die Rede von einem Gletscherbecken, einem Überbleibsel der Eiszeit, auch von einem Vulkankrater ungewöhnlicher Dimension. Ein naheliegender Schluss, wenn man die aufgeschmolzenen Gesteine im Ries sieht. Es fällt aber schwer, sich vorzustellen, dass bei einem Vulkanausbruch ganze Schichtpakete aus dem Untergrund herausgerissen und sogar aufs Kreuz gelegt werden. Außerdem gibt es auch eindeutige Hinweise darauf, dass große Gesteinspakete mit hoher Geschwindigkeit aus dem Ries ausgeschleudert wurden und dabei Schleifspuren auf dem Hintergrund und an den Talrändern hinterlassen haben. Dafür müssen Kräfte am Werk gewesen sein, die alles, was man von vulkanischen Ereignissen kennt, bei weitem übertreffen.

Heute weiß man, vor allem durch die Untersuchungen der amerikanischen Geologen Shoemaker und Chao, dass das Ries das Ergebnis des Zusammenpralls eines großen Brockens aus dem Weltraum und unserem Planeten ist.

Im Riesgebiet entstand innerhalb von Minuten ein mindestens vier Kilometer tiefer Krater. Das durch den Einschlag aufgeschmolzene Material verdampfte zum größten Teil schlagartig. Bis zu einer Entfernung von 40 Kilometern bedeckten Trümmer die Umgebung des Kraters. Die Kräfte, die dabei wirkten, entsprechen ungefähr der 1850-

Oben: Mächtige Dolomitfelsen zieren im Steinheimer Becken den zentralen Hügel, den Klosterberg. Unten: Auf dem Kraterrand liegen große Auswurfschollen.

fachen Energie der letzten großen Eruption des Mount-St.-Helens-Vulkans im Jahr 1980.

Der tiefe Krater war auf die Dauer nicht stabil, seine Ränder rutschten nach. So verlor er an Tiefe und gewann an Breite. Interessant mag es sein, dass man an der Moldau, 450 Kilometer weit entfernt, Schmelztropfen, die an Glasperlen erinnern, aus dem ausgeworfenen Material des Rieskraters fin-

det. Moldavit werden diese »Perlen« nach dem Fluss Moldau genannt.

Das Steinheimer Becken ist das Ergebnis eines weiteren, wesentlich kleineren Asteroiden, der 40 Kilometer vom Ries entfernt ungefähr gleichzeitig mit dem Riesereignis einschlug. Um die wissenschaftliche Erforschung des Steinheimer Kraters haben sich vor allem Winfried Reiff und Elmar

Heizmann, zwei Stuttgarter Wissenschaftler, verdient gemacht. Beim Steinheimer Einschlag wurde im Vergleich mit dem Ries-Ereignis etwa ein Prozent der Energie freigesetzt.

Immerhin hatte der Steinheimer Krater einen Durchmesser von 3,5 Kilometer bei einer Tiefe von 200 Meter. In der Mitte des Kraters wurde ein 150 Meter hoher Zentralhügel als Folge der Druckentlastung herausgehoben.

Dem Wanderer sei der Besuch des Museums und der von dort ausgehende Geologische Lehrpfad durch das Kraterrund empfohlen. Auch ein Spaziergang durch das Wental, das in das Steinheimer Becken mündet, bietet sich an. Bemerkenswerte Dolomitfelsen aus dem Oberjura ziehen in diesem Tal den Blick auf sich. Kein Wunder, dass sich um die bizarren »Felsgestalten« eindrückliche Sagen ranken.

Das Nördlinger Ries ist der »große Bruder« des Steinheimer Beckens. Am Rand des Einschlagskraters liegt Nördlingen.

127

Im Tal der steinernen Jungfrauen

Die Quelle. Bei Königsbronn entspringt die Brenz als blaugrüner Quellsee. Im Brenztopf steigt das Karstwasser aus den massigen Kalken des Oberjura auf. 400 Liter pro Sekunde fördert diese Karstquelle. Im Sommer wie im Winter bleibt die Temperatur des Quellwassers ziemlich konstant bei sieben Grad Celsius.

Die Brenz selbst ist ein uralter Fluss. In ihren jungen Jahren kam sie mit ihren Zuflüssen aus dem Vorland der heutigen Alb. Die rückschreitende Erosion des Albtraufs hat die Fließrichtung der alten Flüsse verändert. Das Einzugsgebiet im Albvorland gehört heute dem Kocher, der nicht fern der Brenzquelle entspringt. Sein Wasser fließt dem Neckar zu und damit dem Rhein und in die Nordsee. Der große alte Fluss, die Donau, verliert bis heute mehr und mehr an Boden. Immer noch sind Donauzuflüsse wie die Brenz stark genug, um ihr altes Tal zu bewahren. Bis heute ist die Brenz der schöne, ruhige Fluss der Ostalb. In der Eselsburger Schlinge bildet sie ein Tal von besonderer, romantischer Schönheit. Von der keltischen Siedlung auf der nahezu völlig vom Wasser umflossenen Berghalbinsel sind deutliche Spuren geblieben. Der Name Eselsburger Tal ist auf die Eselsburg am Talhang zurückzuführen. Doch von ihr blieben nur noch Reste.

In einer alten Sage wird berichtet, dass in der Burg zuletzt eine böse Edelfrau hauste. Zwei junge Mägde hatte sie unter der Knute. Sie mussten sie

bedienen und Tag für Tag Wasser in hölzernen Kübeln aus der Brenz auf die Burg schaffen. Die böse Alte verbot den jungen, hübschen Mädchen jeden Kontakt mit anderen Menschen, vor allem aber mit jungen Männern. Zwei junge Fischer hatten eine Hütte ans Ufer der Brenz gebaut, rein zufällig. Sie machten den Mädchen den Hof, zur Freude der schönen Dienerinnen, aber sehr zum Verdruss der bösen Frau auf der Burg. Die Burgfrau begann ihre hübschen Mägde zu hassen. Weil

Gegenüberliegende Seite und unten: Die steinernen Jungfrauen im Tal der Brenz sind gebrechlich. Würde man sie nicht mit eisernen Klammern stabilisieren, wäre von ihnen nicht mehr viel übrig. Zum Glück ist es gelungen, sie in ihrer natürlichen Schönheit zu erhalten.

129

die Alte überdies eine Hexe war, verwandelte sie im Zorn die beiden schönen Mägde in Felssäulen.

Als steinerne Jungfrauen stehen sie bis heute am Talhang und warten auf ihre Erlösung. Wie es in guten Sagen der Brauch ist, brannte wenigstens die Eselsburg ab und mit ihr die böse Burgfrau.

Versteinerte Jungfrauen und brennende Hexen gibt es in der Sagenwelt mehr als genug. Leibeigenschaft und ungebremste Befehlsgewalt spiegeln sich in solchen Sagen wider, nicht weniger die schlimme Zeit, in der missliebige Frauen auf dem Scheiterhaufen endeten.

Versteinerte Frauen gibt es im Übrigen eine ganze Reihe am Albtrauf entlang und in den Tälern. In der Sage spielen sie zwar keine große Rolle, wohl

aber in der Geologie des Oberjura. So betrachtet sind die Felsnadeln im Eselsburger Tal ein Beispiel für die Wirkung der Erosion auf unterschiedlich widerstandsfähiges Gestein. Der weichere Mergel, der die Felsen umgibt, wird von Wind und Wetter viel rascher abgetragen als der Kalkfels. Übrig bleiben mehr oder weniger einsame Jungfrauen. Wind und Wetter modellieren die Landschaft nicht nur im Eselsburger Tal bis heute.

Naturschutz. Die Felssäulen am Ufer der Brenz waren früher ein Kletterparadies, die steinernen Jungfrauen nicht ausgeschlossen. Inzwischen gibt es auch unter Kletterern ein wachsendes Verständnis für den Schutz der Natur, im Eselsburger Tal vor allem zugunsten der Vogel- und der Pflanzenwelt.

Im Tal der steinernen Jungfrauen

Eckpfeiler der Alb

Die Harburg und die Küssaburg sind die äußersten Vorposten der Alb im Osten und im Westen. Die Harburg urgewaltig groß und unzerstört steht hoch über dem Tal der Wörnitz. Sie gehört dem Fürstengeschlecht derer von Oettingen-Wallerstein. Daran lassen die Tafeln vor und in der Burg, die auf alles Sehenswerte hinweisen, keinen Zweifel. Die feste Harburg fiel niemals in Feindeshand. Unbeschadet überstand sie selbst die Schlacht bei Nördlingen im Jahr 1634; war sie doch auf der Seite der Sieger.

Touristen aus aller Welt durchstreifen das alte Städtchen Harburg. Alte Größe und Pracht lässt sich an der mächtigen Brücke ablesen, deren festgemauerte Bogen das Flüsslein Wörnitz, das aus dem Nördlinger Ries stammt, überspannen. Die Enten fühlen sich wohl auf dem flachen Gewässer. Natürlich hinterlassen sie auf Entenart die Reste der Fütterung und der Verdauung. Das ist aber noch lange kein Grund, wie ein parkender Motorradfahrer vorschlug, diese »Drecksvögel« zu erschießen. Am Ende der Betrachtung, vor allem nachdem er auf die Schönheit der Erpel aufmerksam gemacht wurde, war er bereit, seine Einstellung zur Entenfrage ins Positive zu wenden.

Das Städtchen selbst könnte lebendiger sein. Zum Glück aber führt die Bundesstraße nicht mehr durch die schmalen Gassen. Zwei Tunnel unterqueren den Fels, auf dem die Burg steht. Ruhe ist eingekehrt. Die alten Häuser mit ihrem

mittelalterlichen Charme zeugen noch immer von alter Macht und Pracht.

Der Steinbruch über dem linken Wörnitzufer zieht den Geologen an. Der Weißjura-Fels weist eine auffällig bröckelige Struktur auf. Auch sie ist die Folge des Schocks, ausgelöst durch den Einschlag des Ries-Asteroiden vor knapp 15 Millionen Jahren. Große Brocken, Wurfschollen nennt sie der Geologe, flogen knapp über dem Boden mit hoher Geschwindigkeit aus dem Explosionstrichter. Eine dieser Schollen schlug nicht weit von der Harburg entfernt ein und macht in unseren Ta-

Gegenüberliegende Seite: An der Wörnitz liegt das idyllische Städtchen Harburg. Unten: So ähnlich könnte die Küssaburg einst ausgesehen haben.

gen als Schafweide einen sanften Eindruck. Doch einige solcher Wurfschollen zogen das Interesse der Kirchenbaumeister auf sich. Allerdings erwies sich der Baugrund mitunter als tückisch, weil instabil. Das zeigen nicht selten tiefe Risse im Gemäuer.

Die Küssaburg bildet den südwestlichen Eckpfeiler der Alb als Gegenstück zur Harburg. Ob man diese Ecke der Alb noch Schwäbische Alb oder schon Klettgaualb nennen will, ist Geschmacksache. Was die Geologie anbelangt, ist die Zusammengehörigkeit von Ost- und Westalb eindeutig: Jura hier und Jura dort.

Im Winter werden, vor allem aus der Luft, die klaren Konturen der einst mächtigen Küssaburg deutlich. Wie die Umrisse eines Schiffes wirken die Reste der ehemals starken Festung auf einem imponierenden Bergvorsprung, der im Oberjura 634 Meter erreicht.

Im Jahr 1245 kam die Küssaburg in den Besitz des Rudolf von Habsburg. Aber besondere Zuneigung zu seiner Neuerwerbung zeigte er nicht. So verkaufte er Burg samt Berg kurz vor seinem Tod an das Hochstift Konstanz.

Die Küssaburg gehörte eine Weile zur Schweiz, dann wieder zu Österreich. Förderlich für die Entwicklung des Landstrichs war dieses Hin und Her nicht. Schließlich kämpften die Österreicher und die Schweden im Dreißigjährigen Krieg auch um die Küssaburg. Als die Schweden unter ihrem General Horn anrückten, ging die Burg in Flammen auf. Die Verteidiger hatten sie, wie man weiß, selbst in Brand gesetzt.

Rulamans Erben

David Friedrich Weinland. Keiner hat so gut wie er Ende des 19. Jahrhunderts ein Porträt der Menschen gezeichnet, die vor langer, langer Zeit die Höhen und Höhlen der Schwäbischen Alb besiedelten. Er vermittelt in seinem Roman, den er ganz bewusst an die Jugend richtet, ein Bild vergangener Zeiten, in denen sich das Leben vor allem um die Jagd und den Zusammenhalt in der Sippe bewegt. Sammler und Jäger waren sie, die Steinzeitmenschen, die Weinland begleitet. Er lässt die Geschichte des Rulaman vor allem rund um den Hohenwittlingen und im Ermstal flussaufwärts vom heutigen Urach spielen. In der Tulkahöhle, heute Schillerhöhle, und der Staffahöhle, früher Steffelsloch, lässt er das spannende Leben der Steinzeitmenschen auf seine Leser wirken.

Das fesselnde Jugendbuch hat Weinland berühmt gemacht. Das Wirken seiner Gestalten, vor allem des Rulaman, dem Sohn Ruls, Häuptling einer Sippe, weckte das große Interesse an der prähistorischen Forschung, die unser Land heute auszeichnet.

Neandertaler. Lange vor der Sippe des Rul, auch bevor sich die Kelten und nach ihnen die Germanen auf die wasserarme Alb wagten, viele Generationen früher, durchstreiften Menschen als Jäger und Sammler die Alb: die Neandertaler. Dieser urtümlich erscheinende Menschentyp hat reale Spuren auf der Alb hinterlassen, die zwar un-

übersehbar, aber nicht leicht zu deuten sind. Am besten erhalten blieben an den Rast- und Lagerplätzen Steinwerkzeuge, Abfälle von Mahlzeiten und Spuren von Feuerstellen. Aus den Resten der Mahlzeiten kann man ablesen, welche Tiere gejagt wurden. Ob sie in der Lage waren, das wehrhafte Mammut zu jagen, wird diskutiert.

Man ist heute überzeugt davon, dass die Jäger der Steinzeit nicht als große Horden, sondern in Familienverbänden von um die 40 Mitgliedern

Gegenüberliegende Seite: Der Spielplatz des märchenhaften Rulaman in der »Tulkahöhle«. Unten: Am Rande des Laucherttals bei Veringenstadt sitzt »Nandi«, ein Stein gewordener Neandertaler.

schaftliche Diskussionen aus, die bis in die Gegenwart hinein andauern.

Vor etwa 35 000 Jahren neigt sich die Zeit der Neandertaler ihrem Ende zu. Gleichzeitig beginnen unsere eigentlichen Vorfahren, wissenschaftlich *Homo sapiens* benannt, Raum zu gewinnen. Ob es zu einer Vermischung zwischen *Homo neanderthalensis* und *Homo sapiens* kam, bleibt fraglich. Die Ursachen für den Niedergang der Neandertaler sind vielschichtig. Von entscheidender Bedeutung war gewiss eine Klimaverschlechterung, eine ausgeprägte Kaltzeit, die nicht zuletzt auch die Nahrungsgrundlagen der steinzeitlichen Jäger betraf. Man darf auch daran denken, dass eine zunehmende Inzucht, wie sie sich durch die Isolation kleiner Gruppen ergibt, zu einer Schwächung des Immunsystems und der Fruchtbarkeit geführt haben dürfte.

Aurignac. Während dieses Zeitabschnitts, der vor rund 35 000 Jahren begann, tauchten die ersten Vertreter einer bemerkenswerten Kultur im Osten Europas auf: die Aurignacien-Kultur, so genannt nach einem Fundort in Südfrankreich. Paläanthropologen sehen in ihnen die ersten anatomisch modernen Menschen, also unsere unmittelbaren Vorfahren. Es ist kein Zufall, dass die Neulinge dieselben Lebensräume beanspruchten wie vor ihnen die Neandertaler. Im Kampf um die schmäler werdenden Ressourcen hatte der *Homo sapiens* offenbar die besseren Waffen und damit die größeren Chancen. Das Ende der Neandertaler bleibt letztlich im Dunkel. Deren Platz übernahmen die Vorfahren der heutigen Menschheit.

An der Wiege der Kunst. Noch vor dem Höhepunkt der letzten Eiszeit entstanden in einer Reihe von Höhlen der Schwäbischen Alb unter den Händen begabter Künstler Kunstwerke von hohem Rang. Von besonderer Bedeutung sind die Elfenbein- und Knochenschnitzereien, wie sie zuerst der Tübinger Prähistoriker Gustav Riek in den 1930er-Jahren in der Vogelherdhöhle freilegte. Sie stammen aus der Frühzeit des modernen Menschen, erste Zeugnisse bildender Künste.

Nicholas Conard mit seinem Tübinger Team konnte im Hohlefels bei Schelklingen ebenfalls aus Elfenbein geschnitzte Figuren bergen, unter ihnen die Darstellung eines fliegenden Vogels. Von größtem Interesse sind die Schätze, die Joachim Hahn, ebenfalls ein Tübinger Prähistoriker,

lebten. Fachleute berechnen das Jagdrevier einer solchen Gruppe mit 2000 Quadratkilometer. Sie jagten und sammelten, was ihnen die Natur zu bieten hatte. Die Männer beherrschten wohl auch die gefahrvolle Großwildjagd. Frauen und Kinder sammelten Kleingetier, Eier und Nestlinge, Früchte und Knospen. Auch gruben sie wohl nährstoffreiche Knollen aus. Begehrt war gewiss auch der süße Honig samt den Larven der Wildbienen.

Ein unwiderlegbares Zeugnis für die Existenz der Neandertaler auf der Alb ist ein Oberschenkelknochen aus dem Hohlenstein bei Asselfingen auf der Ostalb.

Neandertaler nennt man diese Urmenschen im Übrigen nach dem weltberühmten Skelettfund im Neandertal nicht weit von Düsseldorf. Als *Homo neanderthalensis* wird der gedrungene, muskulöse Mensch von der Wissenschaft bezeichnet. Der Fund aus dem Neandertal löste heiße wissenschaftliche und weniger wissen-

im Geißenklösterle, einer Höhle in mächtigem Fels über der Ach bei Blaubeuren, fand und rettete. Die Gestalt eines möglicherweise betenden Menschen hat der Steinzeitkünstler aus einer Knochenplatte herausgearbeitet. So stammen die ältesten Kunstwerke der Welt aus den Höhlen der Schwäbischen Alb.

Es wird wärmer. Der Wald in unseren Breiten war nach einer langen Kaltzeit so gut wie verschwunden. Jenseits der Schwarzwaldhöhen, am Oberrhein, dürften sich letzte Waldbestände gehalten haben. Eine Tundra, wie sie heute im nördlichen Sibirien vorkommt, gab es damals auf der Alb. In diesem Umfeld entwickelte sich der *Homo sapiens* zum perfekten Handwerker, Jäger und Fischer. Dies setzte die Fähigkeit voraus, geeignetes Material für Feuersteinklingen und nicht weniger für Spieß, Speer und Speerschleudern aufzufinden und zu bearbeiten. Benjamin Franklin, der Gelehrte und Staatsmann, bringt diesen Sachverhalt

auf den einfachen Nenner: »The man is a toolmaking animal.«

Feuerstein war ein gesuchter und geschätzter Werkstoff, der im Übrigen auch schon vom Neandertaler genutzt wurde. Im Oberjura finden sich geeignete Feuersteinknollen in den Felsen der Alb, aber auch im Moränenschutt, den die Gletscher der Alpen bis über die Donau transportiert hatten.

In einem Kurzfilm konnten wir zeigen, wie ein begabter »Werkzeugmacher« aus unseren Tagen, der Geologe Klaus Eberhard Bleich, aus einem Jurafeuerstein innerhalb von vier Minuten einen gebrauchsfertigen Faustkeil herstellte. Bei der Arbeit schnitt er sich aus Versehen an einer der scharfen Kanten in den Finger. Damit war die Funktionsfähigkeit des Faustkeils zweifelsfrei belegt.

Die Bedeutung der Höhlen. Als Daueraufenthalt sind Höhlen wenig geeignet, eher als Stützpunkt, als vorübergehender Ruheplatz. Wird in der

Der Schutt im »Geißenklösterle«, einer Höhle bei Blaubeuren, barg bedeutende Funde aus prähistorischer Zeit.

Höhle Feuer gemacht, ist ein guter Abzug von Bedeutung. Steinsetzungen im Inneren einiger Höhlen weisen wohl auf eine häufiger benutzte Feuerstelle hin, auf eine Art Ofen oder Herd. Sicher gab es auch Zeiten, in denen es wohl besser war, im Schutz der Höhle auszuharren, als draußen im Fellzelt Stürmen und kaltem, regnerischem Wetter zu trotzen. Ein sicherer Schutz vor Überfällen sind Höhlen aber keineswegs. So darf man davon ausgehen, dass die Menschen jener Zeit beweglich genug waren, um stärkeren Feinden auszuweichen. Zu kämpferischen Auseinandersetzungen kam es nicht selten mit dem Höhlenbären oder der Höhlenhyäne. Irpfelhöhle und Offnethöhle waren Hyänenhorste, während nicht nur die Bärenhöhle als Überwinterungsort des Bären gelten darf. Der schlafende Bär lieferte die wunderbare winterliche Nahrung für die Menschen. So war letztlich der Winterschlaf des Höhlenbärs ein wesentlicher Grund seines Untergangs.

Wasser. Auch für die Menschen jener Zeit war die Nähe zum Wasser von großer Bedeutung. Die Albhochfläche bietet da wenig. Quellen und Flüsse gibt es nur in wenigen Tälern und einigen Quellen auf vulkanischem Untergrund, wie dem Rutschenbrunnen. Beliebte Täler jener Zeit waren das Tal der Lauchert, das der Schelklinger Ach, das Tal der Blau, das Tal der Zwiefalter Ach, die Täler der Großen und der Kleinen Lauter und das Lonetal samt dem Tal der Brenz. Im Leben unserer Vorfahren spielten diese Täler eine bedeutende Rolle.

Vor allem der Bereich, in dem Nebentäler quer zum Haupttal verlaufen, war ein beliebtes Jagdrevier, weil dort das Wild nicht nur einen bequemen Weg zur Tränke hatte, sondern auch einen Durchgang in ein anderes Weidegebiet. Das Mammut war, durchaus vergleichbar mit den heute lebenden Elefanten, im Hochsommer auf die Kühlung durch das Wasser angewiesen. Zudem lieferten die Fische der Bäche und der Quellteiche einen wertvollen Beitrag zur Ernährung.

Rastplätze der Menschen außerhalb der Höhlen waren ganz sicher von Bedeutung. Das zeigen auch erfolgreiche Ausgrabungen im Schutz der Höhlenumgebung. Diese Funde sind allerdings nicht so leicht zu deuten, ohnehin beeinträchtigen Regen und Frost, auch abbröckelnder Fels eine »wohlgeschichtete« Lagerung.

Die Hinterlassenschaften unserer steinzeitlichen Vorfahren in den Höhlen wurden immerhin in so großer Zahl gefunden, dass wir uns ein Bild von ihrem Leben machen können: Da gibt es die rätselhafte Figur des »Löwenmenschen« aus einer Lonetalhöhle oder die plastische Bearbeitung der Knochenplatte aus dem Geißenklösterle bei Blaubeuren. Man darf darüber nachdenken, ob mit diesen künstlerischen Arbeiten Kontakt zu einem »höheren Wesen« gesucht wurde oder ob es einfach Schmuckstücke waren. Wohl hat man auch um Erfolg bei der Jagd gefleht, schließlich hing von ihr das Leben der Menschen jener Zeit ganz wesentlich ab.

Ob es Priester, besser gesagt Schamanen gab, kann nicht geklärt werden, aber unwahrscheinlich ist es deshalb keineswegs. Wer auf der Knochenflöte aus dem Geißenklösterle welche Melodien gespielt hat, bleibt im Dunkel, aber Musik, wenn auch nicht ganz in unserem Sinne, hat es sicherlich auch gegeben. Womit, für wen und wann? Musik lässt sich auch mit einer Haselnussflöte machen oder mit dem Stiel des Löwenzahns, der Eichelschale oder sogar der hohlen Hand. Instrumente, die für die Kinder unserer Tage ganz natürlich und greifbar sind. Bis heute blasen sie auf dem Grashalm. Das konnten gewiss auch unsere steinzeitlichen Vorfahren.

Dass sie dazu einfach in der Höhle herumstanden, ist höchst unwahrscheinlich. Auch ohne Fernsehen wurde wohl gesungen und getanzt. An guten Tagen gab es Fleisch zu essen, Fisch, Brei aus Körnern und Früchten und irgendwie kamen sie wohl auch in den Besitz von Zaubergetränken, die aber nur der Schamane regelmäßig genießen durfte.

Woher man das alles weiß? Manches lässt sich aus den Funden erschließen, anderes aus der vergleichenden Völkerkunde und manches ganz einfach aus unserem eigenen Verhalten. Phantasie ist im Spiel, sie fördert das Nachdenken.

Homo neanderthalenis und *Homo sapiens* waren Menschen in unserem Sinne, mit Sprechvermögen ausgestattet, auch wenn möglicherweise der Neandertaler nicht so fließend geschwätzt hat wie wir hochentwickelten Menschen. Der Fachmann Karl Dietrich Adam weist auf eine wichtige Voraussetzung hin: Beim Neandertaler war die Absenkung des Kehlkopfes erst angedeutet, beim *Homo sapiens* erfolgte die Absenkung bereits beim Säugling und bildete einen großen Rachenraum und damit die Voraussetzung für ein höher entwickeltes Sprechvermögen. Das war wohl erstmals beim Steinheimer-Menschen so. Der Sprachgebrauch macht den Menschen zum Menschen. Traditionen entstehen: die Deutung der Mondphasen als Ausdruck von Wachsen und Vergehen. Daraus mag eine geistige Brücke in eine andere, geheimnisvolle Welt entstanden sein, ein Weg vom Diesseits zum Jenseits, aus der realen in eine nicht fassbare Welt. Im Vogelherd und im Hohlefels begegnen wir religiöser Kunst. Höhlen, die Kathedralen einer fernen Zeit.

Homo sapiens. Wie hat er die Eiszeit überstanden? Er machte es wohl wie die Eskimos: Er orientierte sich an den Gestirnen, am Lauf des Mondes oder der Sonne. Ihm gelang es, sich lange

im Voraus auf einen Ort festzulegen, an dem er sich mit anderen treffen konnte. Er kannte die Orte mit optimaler Lage auch hinsichtlich des Klimas. Auch im heutigen Südfrankreich, an der Ardèche, konnten sich unsere Vorfahren in den Höhlen ihren religiösen Gefühlen hingeben. Dort dankte man für den Jagderfolg und flehte um die Gunst der Götter. Großartige Beispiele für derart gewiss »heilige Räume« bieten die Bilderhöhlen Nordspaniens wie die Höhle von Altamira und Südfrankreichs wie die Höhle von Lascaux.

Warum gibt es bei uns keine Höhlenmalereien? Es könnte sie durchaus gegeben haben, nur fehlen die Belege. Das wechselhafte Klima führte bis tief in die Höhlen hinein zum Absplittern des Gesteins. Auch waren sie kein ständiges Quartier. Die Alb war ein sommerliches Jagdrevier. In den Wintermonaten zogen die Jäger auf den Spuren ihres Wilds nach Südosten oder Südwesten. Dort traf man sich mit anderen Menschen, tauschte Erfahrungen aus und vielleicht überreichte man einer jungen Dame des anderen Stamms ein Elfenbeinpräsent aus dem Geißenklösterle.

In einem Seitental der Lone fließt der Hungerbrunnen, allerdings nur in nassen Jahren.

Linsen erobern die Alb

Für die Bauersleute auf der Alb waren in den vergangenen Jahrhunderten die Linsen ein wichtiges Grundnahrungsmittel. Auch wo schon lange keine Linsen mehr gepflanzt werden, erinnern viele Flurnamen an sie: Linsenbühl zum Beispiel oder Linsenland, auf gut schwäbisch »Laisaland«. Es fällt schwer, die bäuerlichen Begriffe, die auf der Alb noch gelten, in ein lesbares Hochdeutsch zu übersetzen, da fehlen selbst dem raffiniertesten Computer ein paar Zeichen. Für die Bauern auf der Alb war der Linsenanbau lebensnotwendig, denn Linsen liefern pflanzliches Eiweiß und wertvolle Mineralstoffe. Die Linsenpflanze treibt schon im Herbst aus und braucht dann einen Halt, um in die Höhe zu wachsen. Zum Glück gab es den Dinkel, das Schwabenkorn, der schon vor den ersten Linsen Schösslinge treibt und damit als Haltepflanze den Linsen eine Stütze gibt. Heute werden hauptsächlich Hafer und Gerste als Stützfrucht verwendet.

Das Linsengericht. Dinkel liefert ein hervorragendes, kleberreiches Mehl. Deshalb ist er als Spätzlesmehl so beliebt. Ein Linsengericht ist schon in einfachster Form ein vollwertiges Essen. Wenn dann noch die passende Wurst gefunden wird, das können auf der Alb vor allem die schlanken »Saidawürschtla« sein, dann wird das Linsengericht zum Feiertagsschmaus.

Erfindungsreiche Hausfrauen und Sterneköche wissen, was sie am schwäbischen Linsenge-

richt haben. Vincent Klink, der berühmte Sternekoch und Fernsehakteur aus Degerloch, kocht für seine Zuschauer wohl was? Dreimal dürfen Sie raten. Genau: »Linsa« mit »Spätzla« und »Saidawürschtla«.

Klimagrenze. In unseren Tagen endet der Ackerbau bei Burgfelden, dem höchst gelegenen Dorf der Alb, auf dessen Gemarkung noch Getreide angebaut wird, in einer Höhe um 1000 Metern über dem Meer.

Aber Getreide allein, besser gesagt Kohlen-
hydrate reichen nicht, um auf der Alb durchzuhalten. Mit Linsen und Spätzle kam man auch in
Burgfelden über die Runden, weil beide Zutaten
eine eiweißreiche und vollwertige Mahlzeit erga-

ben. Das rare und teure Fleisch war deshalb nicht
unbedingt vonnöten.

Nicht umsonst hat man die Alb immer wieder als
raue Alb bezeichnet, denn das Leben auf der Hochfläche war zur Zeit der frühen Besiedlung um Christi

Linsen erobern die Alb

Gegenüber-
liegende Seite
links: Bauer
Woldemar Mam-
mel hat es mit
Erfolg gewagt,
Linsen auf die Alb
zurückzubringen.
Gegenüber-
liegende Seite
rechts: Die Linse,
Lens culinaris,
stammt ursprüng-
lich aus dem
Mittelmeerraum.
Oben: Linsenstroh
mit gefüllten
Schoten. Unten:
Die Linsen sind
dunkel, die
Gerstenkörner
hell.

Geburt deutlich schwieriger als in den Tälern. Es fehlte nicht nur an Wasser auf den Höhen der verkarsteten Alb, sondern auch am täglichen Brot.

Schaut man genauer hin, stellt man fest, dass die wichtigsten Römerstraßen die Alb auf dem schnellsten Weg durchqueren oder einen großen Bogen um die Höhen machen. Eine Dauerbesiedlung fand letztlich erst nach der alamannischen Landnahme statt, unterstützt durch ein zeitweilig milderes Klima und damit reicheren Erträgen.

Linsen erobern die Alb

Zu den Schneckengärten der Königin von Saba

Für einen evangelischen Schwaben sind Schneckengerichte ein Luxus, den sich nur exotische Königinnen leisten sollten. Die Königin von Saba, aus dem fernen Jemen, ist eine biblische, exotische Gestalt, der Inbegriff von Schönheit und Reichtum, ja Luxus. Was sie mit Schneckengärten zu tun hat, ist keineswegs eindeutig, aber immer wieder zitierbar.

Salomon. Ob sie jemals den überaus weisen und über alle Maßen reichen, wohl auch schönen König Salomon in Jerusalem besucht hat und dort gar in heißer Liebe zu ihm entflammte, ist bis heute ein Geheimnis. Im Bild sieht man sie zusammen mit anderen bedeutenden Frauengestalten der Bibel in der Kirche von Bad Teinach verewigt. Die einzige Frau von dunkler Hautfarbe in der langen Reihe.

Eduard Mörike hat in seiner Novelle vom Stuttgarter »Hutzelmännlein« mit dem Schusterseppe eine liebenswerte Figur geschaffen, die er über die Alb nach Blaubeuren wandern und träumen lässt. So sah sein Seppe auf der Wanderung »bald mit großen Freuden von der Bempflinger Höhe die Alb, als eine wundersame blaue Mauer ausgestreckt«. Nicht anders hatte er sich immer die schönen blauen Glasberge gedacht, dahinter, wie man ihm als Kind gesagt, der Königin von Saba Schneckengärten liegen. Doch war ihm wohl bekannt, dass oben auf der Alb wieder Dörfer seien,

als »Böhringen, Zainingen, Feldstetten, Suppingen, durch welche sämtlich nacheinander er passieren musste«.

In einem Seitental der Erms, nahe bei Urach, fragte ich einen Bauern, der an seinem Motorrad bastelte, ob er den Fußweg hinauf auf die Alb kenne, am besten den, den der Seppe seinerzeit genommen hab. Ich bekam die eindeutige Antwort: »Noi, do bene meiner Lebdag no nia nuffglofa; i fahr!«

147

Die Blaue Mauer in ihrer ganzen Schönheit kann jeder sehen, der sich an einem klaren Sommertag vom Neckar her der Alb zuwendet. Der Höhenunterschied zwischen der Erms und dem Sonnenfels oben am Albtrauf beträgt rund 400 Meter. Die Bläue des sommerlichen Dunstes über den Wäldern am Hang tut ein Übriges, um die Alb als blaue Mauer erscheinen zu lassen.

Hinter der Mauer, so weiß es Mörikes Mutter, muss irgendwo im Nebel der Phantasie das sagenhafte Reich der Königin von Saba liegen. Doch, das weiß man, der Weg zu Salomon war weit. Die Königin, über die so viele reden und manche schreiben und keiner wirklich etwas Genaues weiß, ist und bleibt rätselhaft. Aber gerade das scheint den besonderen Charme ihrer Geschichte auszumachen.

Schneckengärten. Wer träumt auf der Nordseite der Alb vom unglaublichen Luxus des Südens? Der evangelische Schwabe hat üblicherweise weder Schnecken noch Froschschenkel in seinem Rezeptbuch. In der Fastenzeit gelten vor allem auf der katholischen Südseite der Alb und im Oberland Schnecken als hochfeine Fastenspeise. Froschschenkel sind nicht mehr »in«. Frösche sind längst ein Fall für den Naturschützer.

Gegen die feine Speise des Südens können die Altwürttemberger nur ihre Maultaschen setzen, bei denen das Fleischliche schamhaft von einer dünnen Teigschicht bedeckt und damit selbst für den lieben Gott unsichtbar gemacht wird. Respektlos werden die geliebten Maultaschen deshalb auch »Herrgottsbscheißerla« geheißen.

Schnecken von heute. Die geheimnisvolle, beneidenswerte, zauberhaft fremde Welt beginnt für Schneckenfreunde schon im Tal der Großen Lauter, spätestens im Gebiet von Hayingen und Zwiefalten. Dort hat die planmäßige Vermehrung der Weinbergschnecke Tradition. Dort gibt es sie wieder, die Schneckengärten.

Auch bemerkenswerte Speisekarten, die sich ganz und gar um *Helix pomatia*, die Weinbergschnecke, drehen, werden wieder vorgelegt. Noch sind allerdings die Rekordmarken der Schneckenzucht früherer Zeiten nicht erreicht. Man kann es kaum glauben, dass bis ins 19. Jahrhundert hinein um die 500 Tonnen »Deckelschnecken« schön in feuchtes Moos verpackt auf den Ulmer Schachteln, den hölzernen Donaukähnen, bis nach Wien transportiert wurden. Nicht unbewacht ging diese wertvolle Fracht auf die Reise. Junge Bäuerinnen begleiteten das teure Gut flussabwärts bis in die Kaiserstadt. Dort und später auch in Paris waren die Schnecken von der Alb hochbegehrt. Den langen Rückweg traten die Frauen zu Fuß an. Wie viele von ihnen sich ins schöne Wien verliebten und sich so den langen Heimweg sparten, ist nicht überliefert.

Fast vergessen war die Schneckenzucht. Nur Flurnamen wie »In den Schneckengärten« oder »Schneckenrain«, auch »Schneckenberg« erinnerten noch

Links: An kühlen Tagen ziehen sich die Schnecken in ihr schützendes Nest aus Erde, Gras und Moos zurück. Rechts: Die wohlbekannte Weinbergschnecke mag saftige Gräser und Kräuter am liebsten an feuchtwarmen Tagen.

an die gute alte Schneckenzeit. Inzwischen ist die Weinbergschnecke wieder hoffähig und ein begehrter Leckerbissen. Das gilt vor allem für Schnecken, die von der Alb kommen und nie unter Kalkmangel zu leiden hatten. Es bleibt zwar noch einiges zu tun, bis jene »Schwäbische Auster« wieder den alten Ehrenplatz auf einem weiß gedeckten Tisch einnimmt, aber der Anfang ist gemacht.

Frau Gollers Garten. Mehr über Schnecken und Schneckengärten weiß Rita Goller aus Hayingen-Indelhausen. Den aufmerksamen Schneckenfreund führt sie von ihrem Weiler im Tal der Großen Lauter auf den Calvarienberg zu ihrem Musterschneckengarten. Um die 300 der braven Tierchen haben dort in einem umzäunten Geviert einen komfortablen Lebensraum. Da gibt es frische Blätter vom Löwenzahn und Blattsalat zum Beispiel. Unter feuchtem Moos können sich die Schnecken bei allzu großer Sonnenhitze verstecken. Ein herrliches Schneckenleben! Zur Winterruhe verbergen sie sich hinter einem luftdurchlässigen Kalkdeckel. Er ist porös und dicht genug, um die winterschlafenden Weinbergschnecken vor Austrocknung zu schützen.

Nun legt die Schneckengärtnerin natürlich großen Wert darauf, dass sich ihre Lieblinge vermehren. Bei Schnecken ist dieser Prozess höchst eigenartig. Von zwei Schnecken übernimmt eine die Rolle des Weibchens, die andere die des Männchens; Schnecken sind Zwitter. Es bleibt aber nicht bei einer Geschlechtsfixierung für ein ganzes Schneckenleben, Weinbergschnecken können das Geschlecht wechseln. Ein abwechslungsreiches Dasein, das zwölf Jahre dauern kann!

Bei der Eiablage im Sommer legt die weibliche Schnecke bis zu 50 Eier in eine Höhlung, die sie vorher ins lockere Erdreich gegraben hat. Einen Tag lang bleibt diese Höhlung nach der Eiablage offen, dann wird sie geschlossen, um die Eier nicht austrocknen zu lassen. Im Hochsommer bilden die Jungschnecken eine erste Schale aus, durchsichtig wie Glas.

Wenn Frau Goller eine ihrer Schnecken in die Hand nimmt, hat man den Eindruck, die beiden kennen sich. Und wenn sie dann die Schnecke mit einem Grashalm gar noch kitzelt, besteht am Verständnis der beiden so unähnlichen Lebewesen keinen Zweifel mehr.

Rita Goller aus Hayingen kennt ihre Pfleglinge und weiß, was ihnen gefällt. Ein bisschen Zuneigung mögen sie.

An der Lenninger Lauter

Die Teck ist gewiss einer der reizvollsten und bekanntesten Berge der Alb. Ein Aussichtspunkt, wie er schöner nicht sein könnte. Nach Westen reicht der Blick an klaren Tagen bis zum Schwarzwald. Vom Turm aus kann man bei Föhn weit im Süden über die Albhochfläche hinweg die Allgäuer und Schweizer Alpen erkennen. In östlicher Richtung fallen die Kaiserberge Staufen, Rechberg und Stuifen auf und im Vordergrund Aichelberg und Limburg. Ein Kranz von Vulkanschloten umschließt die Teck. Die Auffälligsten sind der Hohenbol, der zu Owen gehört, und das Hörnle über Bissingen.

Das Lenninger Tal hat seinen eigenen Reiz. Es verengt sich, je tiefer man in die Alb kommt. Auf beiden Seiten steigen die Berge steil auf. Den Trauf schmücken weiße Schwammriffe aus der Jurazeit. Einer allerdings ist gegen alle Regel schwarz: der Konradsfels, an der westlichen Hangkante nicht weit von Oberlenningen. Im Winter, wenn der Fels eine weiße Schneehaube trägt, fällt dieser dunkle Stein besonders auf.

Der Konradsfels trägt keine Burg, hat auch keine Höhle, dafür aber eine vulkanische Vergangenheit. Es handelt sich bei ihm um die Magmafüllung eines vulkanischen Schlots. Damit ist der Konradsfels einer von 350 Ausbruchsstellen der Albvulkane. Zwar ist er nur ein wenig härter als das Umgebungsgestein im Oberjura, aber hart genug, um Wind und Wetter länger zu trotzen als die Felsen am Albrand. So wird eine vulkanische Struktur mitten im Schichtpaket des weißen Jura freipräpariert.

Kletterfels oder Müllfels? Anständige Kletterer holen ihre Vesperbrote nicht aus dem Rucksack, um das Papier wegzuwerfen. Höchstens packen sie den Vespermüll, den ihre Vorgänger hinterlassen haben, ein. Am Wielandstein sind die Kletterer bis heute ungestört. Vor allem die Ostwand ist beliebt. Für die Nichtkletterer – und die soll es geben – sind die Reste des Rauber, einer Burg, ein

Gegenüberliegende Seite: Die Kiefern auf dem Hohenbol sind eine Landmarke. Der Kern des Bergs selbst, einer der Vorberge der Teck, ist ein abgetragener Vulkan. Ob die Römer wohl auf dem Berg waren? Unten: Der Donnbach mündet nahe Gutenberg in die Lenninger Lauter. Kalktuffschwellen queren den Bach und bilden eine Reihe kleiner Wasserfälle.

schönes Ziel. Einer der ungezogenen Söhne der sagenhaften Sibylle von der Teck soll dort gehaust haben, nachdem er seine friedfertige Mutter verlassen hatte. Im Übrigen deutet der Name Rauber darauf hin, dass er und seine Brüder keine Guten waren. Die Sibylle selbst, die sagenhafte Gestalt, war sie eine Heilige, eine Göttin? Sie bewohnte, so will es die Sage, ein Schloss in der Höhle im Teckfels, von ihren Verehrern Sibyllenhöhle genannt. Wer diese Karsthöhle weniger elegant findet, nennt sie Sibyllenloch. Nach der Trennung von ihren ungezogenen Söhnen soll die Sibylle die Teck verlassen haben. In einem von zwei großen Katzen gezogenen goldenen Wagen sei sie durch die Lüfte nach Westen davongeflogen. Dabei soll die sagenhafte Sibylle im Tal eine Spur hinterlassen haben – die Sibyllenspur. So weit die Sage.

Seit einer Ausgrabung im Jahr 1982 weiß man, dass die im Hochsommer deutlich erkennbare »Sibyllenspur« Teil eines römischen Befestigungswerks ist, das schneller austrocknet als die Felder ringsum. Schade eigentlich um das Traumbild.

Wer auf der Straße Richtung Gutenberg weiterfährt, erreicht hinter Oberlenningen die Abzweigung nach Schlattstall. Das im engen Tal zusammengedrängte Dorf hat nur für wenige Häuser Platz. Das Dörflein gehört heute zur Gemeinde Lenningen wie auch Unterlenningen und Brucken. Die Quellhöhle der Schwarzen Lauter bei Schlattstall, das Goldloch, und eine Reihe anderer kleiner, am selben Hang austretender Quellgewässer entspringen in den wohlgebankten Kalken des Oberjura und bilden die Schlattstaller Lauter.

Donntal. Nach dem Schlattstaller Tal und dessen Verlängerung, der Schröcke, fließt der Gutenberger Lauter ein starker Bach, der Donnbach, zu. Wenn man talaufwärts wandert, liegt die Ruine der Burg Sperberseck auf einem Bergvorsprung zur Rechten. Ein Höhlenfreund, den der Lehm nicht stört, besucht die Mondmilchhöhle. Er kommt, dafür kann man garantieren, mit Lehm überzogen und mit weißer Mondmilch bestäubt zurück. Mondmilch ist übrigens eine Kalkausblühung vor allem an der Höhlendecke.

Am Donntal scheinen die Zeitläufte vorbeigegangen zu sein. Alle Aufgeregtheit bleibt auf der Landstraße. Die Wege ins Tal dienen nur der Land- und Forstwirtschaft und natürlich – wie könnte es auf der Alb auch anders sein – den Wanderern. Wer meint, er könne am Wegesrand sein Kraftfahrzeug parken und gar noch mit zwei Reifen auf der Wiese, bekommt Schwierigkeiten.

Da kommt in aller Ruhe eine Jungbäuerin um die Ecke, hält an und fragt: »Was machet Sie do?« – »I fodografier!« – »So, was denn?« – »Die vielen kleinen Wasserfälle im Bett des Donnbachs.« – »Ach, Sia moinet dia Kaskada? Do geits fei no schenere! Aber wenn Sia scho fodografierat, no kennet Se von mir ond meine zwoi Pony a glei a Bildle macha. I fahr vorne draus. Bloß, aber des will i Ihne no saga, mit zwoi Räder standet Se auf meiner Wies!« Ich wende, ohne weiteren Wiesengrund zu belasten, und folge Ilonka, der Bäuerin, nach Gutenberg zum Bauernhaus mitten im Dorf. Die Ponys haben die »Herrin« bemerkt und rappeln unruhig im Stall. Wales-Ponys, prächtige Tiere, Ilonka ist stolz auf sie. Die Bilder sind gut geworden.

Zurück zum Ausgangspunkt. Wieder mit zwei Rädern auf der Wiese, jetzt aber mit Genehmigung. Die Bäuerin geht mit mir am Bach entlang abwärts. Dort eröffnet sich ein Blick, wie er schöner nicht sein könnte: Viele kleine Wasserfälle hintereinander ergießen sich über Kalktuffbarrieren. So wird ein Bachbett zu einer Reihe von Kaskaden.

Die »Führerin« genießt unsere Überraschung: »Hättet Sia des denkt?« – »Noi, überhaupt et.« Zumal der Bach an diesem Tag glänzt und glitzert, denn der Himmel ist wolkenlos blau.

Über Gutenberg, dem Dorf, dominiert der alte Burgberg. Die Burg ist bis auf letzte Reste verschwunden. Überhaupt, die alte Herrlichkeit von Gutenberg, einst ein Zähringer-Städtchen, ist nicht leicht zu entdecken. Die Kirche, das Pfarrhaus, in dem Pfarrer Karl Gußmann wohnte, der Entdecker einer Reihe von Höhlen in der Nachbarschaft, fallen durch ihre Größe auf und die Klappläden sind, wie so oft an württembergischen Pfarrhäusern, sparsam in gedämpftem Grün gehalten.

Eine der Gutenberger Höhlen wurde im Jahr 1889 entdeckt und trägt den Namen ihres Entdeckers »Gußmannshöhle«. In der Gutenberger Höhle, genauer in ihrem Eingangsbereich, dem Heppenloch, wurden im Höhlenschutt zahlreiche Knochenreste geborgen. Darunter Kieferstücke eines nahen Verwandten der Berberaffen, wie sie heute nur noch auf Europas letztem Zipfele, auf Gibraltar zu sehen sind. Zur Ehre des Stammes der Schwaben heißt der fossile Vetter *Inuus suevicus*, Schwabenaffe also. Daneben wurden Reste vieler, auch großer Säugetiere aus der Riss-Würm-Zwischeneiszeit geborgen.

Höhlenbär, Braunbär, Höhlenlöwe und Höhlenhyäne und überdies eine Reihe anderer Säugetiere, die auch heute noch in unserem Klima leben könnten, wie Wildpferd, Wisent, Damhirsch und Nashorn waren im Umfeld der Höhlen bei Gutenberg anzutreffen.

Vom Fels, der die kleine Siedlung Krebsstein trägt, ist der Eingang zum Heppenloch als dunkler Torbogen in einer hohen, steilen Felswand gut zu erkennen.

Gegenüberliegende Seite: Der Blick vom Breitenstein geht weit ins Land hinaus. Im Vordergrund die Limburg, dahinter der Aichelberg mit dem Turmberg und in der Ferne die »Kaiserberge« Staufen, Rechberg und Stuifen. Unten links: In den Gutenberger Höhlen wurden zahlreiche Knochenreste fossiler Tiere gefunden. Nicht zuletzt vom Berberaffen, Höhlenbär und Höhlenlöwen. Unten rechts: Blick auf Dettingen unter Teck – ein Beispiel für das rasche Wachstum der alten Bauerndörfer.

155

An der Lenninger Lauter

Napoleon und die Schlacht bei Elchingen

Wie ein Schlachtfeld sieht die Ebene auf der Höhe bei Kloster Elchingen nicht aus. Friede herrscht heute über diesem Zipfel der Schwäbischen Alb, schon fast in Bayern. Der Weizen wogt im Wind. An Schlachtenlärm denkt kein Mensch. Dabei belehrt die Geschichte den genauen Betrachter eines anderen: Napoleons gewaltige 160 000 Mann starke Armee, unterstützt von Baden, Württemberg und Bayern, besiegt unter dem Kommando des Marschall Michel Ney die Österreicher vernichtend. Österreich war damals einer der drei Verbündeten gegen Napoleon. Aber die Schlacht von Elchingen mussten die Österreicher alleine, ohne England und Russland durchstehen.

Die Franzosen hatten das Gelände schon Tage zuvor mit aller Sorgfalt erkundet, Napoleon wollte es so. So kannten die Franzosen das künftige Schlachtfeld sehr genau. Sie wichen den sumpfigen Auen der Donau im Süden aus und suchten die trockene Ebene auf der Höhe, im Norden des Klosters Elchingen. Die Mannen Napoleons hatten ihre Stellungen so geschickt gewählt, dass sie die Österreicher von drei Seiten aus angreifen konnten.

Die Schlacht. Am Morgen des 14. Oktober 1805 gegen acht Uhr in der Frühe donnerten die Kanonen. Während die österreichische Artillerie mit herkömmlichen Kanonenkugeln bestückt operierte, gab es auf französischer Seite spezielle Kugelgeschosse, die einfach ins Kanonenrohr gefüllt wurden und eine verheerende Streuwirkung hatten.

Selbst hinter den Mauern des Klosters wurde erbittert gekämpft. Als schließlich die Munition ausging, gingen die Soldaten verzweifelt mit Bajonetten und Gewehrkolben aufeinander los. Nach fünf Stunden schon befahl der österreichische

Ulm gegen Nordt-Ost

Die Reichsstadt
Ulm wurde
zum Heerlager
Napoleons.

Feldmarschall Karl Mack Freiherr von Leiberich den Rückzug seiner Truppen.

Die Bevölkerung Ulms, der Stadt, die damals gerade aus 1600 Häusern bestand, kam in schwere Bedrängnis. Die Belagerung Ulms endete aber unblutig. Immerhin konnte Napoleon seinem Schreiber diktieren: »Der Tag von Ulm ist einer der größten in der Geschichte Frankreichs.« An die Opfer dachte man wohl nicht dabei. 2000 Österreicher und 800 Franzosen blieben als Gefallene auf dem Elchinger Schlachtfeld zurück, 4000 Österreicher gingen in Gefangenschaft.

15. Oktober 1805. Napoleon Bonaparte trifft in Elchingen ein. Er führt selbst die Verhandlungen mit dem österreichischen Feldmarschall. Die Österreicher hatten alle Waffen und Pferde abzugeben. Marschall Ney wurde für seine Kriegsführung im Jahr 1808 als Duc d' Elchingen, also Herzog von Elchingen, hoch geehrt. In Österreich wurde Marschall Mack vor ein Kriegsgericht gestellt und zum Tode verurteilt. Die Todesstrafe wurde aber nach der Intervention eines Neffen, des österreichischen Kaisers, ausgesetzt. 1819 wurde Mack rehabilitiert.

Das Ziel der Franzosen blieb es, zwischen Russland, Österreich und England einen Keil zu treiben. Durch die Schlacht von Elchingen wurde dieses Ziel aber keineswegs erreicht.

Austerlitz. Am 2. Dezember 1805 in der Schlacht von Austerlitz, einer südmährischen Stadt in der Nähe von Brünn, ging ein Teil des napoleonischen Plans auf: Der Korse siegte gegen die vereinten Truppen Österreichs und Russlands. Erneut waren die Verluste hoch: auf französischer Seite 1288 Tote und 6993 Verwundete, auf der gegnerischen Seite 15 000 Gefallene und Verwundete. Außerdem gerieten 12 000 Mann in französische Gefangenschaft. Als »Dreikaiser-Schlacht« ist die Schlacht von Austerlitz in die Geschichte eingegangen. Napoleon I. als Kaiser von Frankreich auf der einen Seite und der russische Zar Alexander auf der anderen beobachteten das Geschehen, nur Österreichs Kaiser Franz II. war nicht persönlich anwesend.

Wieder auf der Alb. Die Siege Napoleons waren für seine Verbündeten ein Grund zu feiern und den Kaiser Napoleon samt seiner Truppen zu ehren. So verfügte Kurfürst Friedrich I. von Württemberg: »Da ich es für schicklich erachte, dass sich bei der Rückreise des Kaisers Napoleon nach Frankreich durch Meine Staaten besondere Ehrenbezeugungen erwiesen werden, so will ich, dass beim Eintritt in Mein Land an der ehemaligen Ulmischen, jetzt Bayerischen Grenze, zu Göppingen beim Ein- und Ausgang der Stadt, zu Plochingen ebenso, allhier am Ludwigsburger Tor, zu Vaihingen und endlich beim Austritt ins Badische »Ehrenpforten«, errichtet werden [..] Die

Aufschriften in lateinischer Sprache.« Man ahnt den Versuch Friedrichs, an der großen klassischen Vergangenheit anzuknüpfen und den Korsen damit auf der höchstmöglichen Stufe zu ehren.

An der wüttembergisch-bayerischen Grenze trafen Kaiser Napoleon Bonaparte und die Kaiserin Josephine in den Mittagsstunden des 20. Oktober ein. Noch einmal schritt Napoleon das Schlachtfeld seines ersten großen Sieges ab. Die schöne Alb verließ der Konvoi durch das Filstal. Von einer Fahrt des Kaisers durch den untertänigst vorbereiteten Triumphbogen bei Süßen ist nichts bekannt.

Begleitet von »1 Offizier, 1 Trompeter und 24 Reitern« erreichte Napoleon Stuttgart kurz nach fünf Uhr nachmittags. Unter dem Donner der Kanonen und dem Geläute aller Kirchenglocken fuhr der Zug durch den Stuttgarter Triumphbogen. Der Kaiser, in der Uniform eines Obersten seiner reitenden Jägergarde, stieg aus und begrüßte mit einer Umarmung Friedrich von Württemberg, den er später als Friedrich I. zum König machte.

Bereits am Tage der Durchreise des Kaiserpaars wurde der teuer erkaufte Stuttgarter Triumphbogen abgebrochen. Das 16 Meter hohe und acht Meter breite Monstrum kostete 2466 Gulden. Ein hoher Betrag! Ein Teil der Materialien, leinwand-bemalte Engel und die aus Pappe gefertigte Kaiserkrone und andere Kleinigkeiten wurden gerettet und dem Theater in Stuttgart übergeben. Das Abbruchholz wurde an das damals in Göppingen bestehende Lazarett veräußert.

Im Februar 1806 zogen immer noch Sieger von Austerlitz aus Napoleons Heer durch das Filstal. Am 19. Februar kam es zu »blutigen Händeln« zwischen den Einheimischen und marodierenden Soldaten. »Dia Kerle hend bäbbiche Fenger ghet«, was nichts anderes heißt, als dass sie versuchten mitzunehmen, was nicht niet- und nagelfest war. Höchst ehrenwert ist die Reaktion Napoleons: Er hatte von den Schandtaten seiner Mannen erfahren und überwies 1100 Gulden über das königliche Landgericht Geislingen an das Dorf Süßen.

In memoriam. Die Gebäude des Klosters Elchingen, die Kirche, die Gastwirtschaft und die Brauerei sind einen Besuch wert. Die Erinnerung an Napoleon Bonaparte ist unübersehbar. Ausdrucksvolle Gemälde schmücken die Wände der Gastwirtschaft.

So grandios der Sieg Napoleons auf dem Schlachtfeld von Elchingen war, so scheiterte er an den Weiten Russlands. Doch das ist, wie man weiß, nicht nur dem großen Korsen so ergangen.

Die ummauerte, klösterlich bestimmte Ansiedlung Elchingen hatte auf den Verlauf der Schlacht keinen nennenswerten Einfluss.

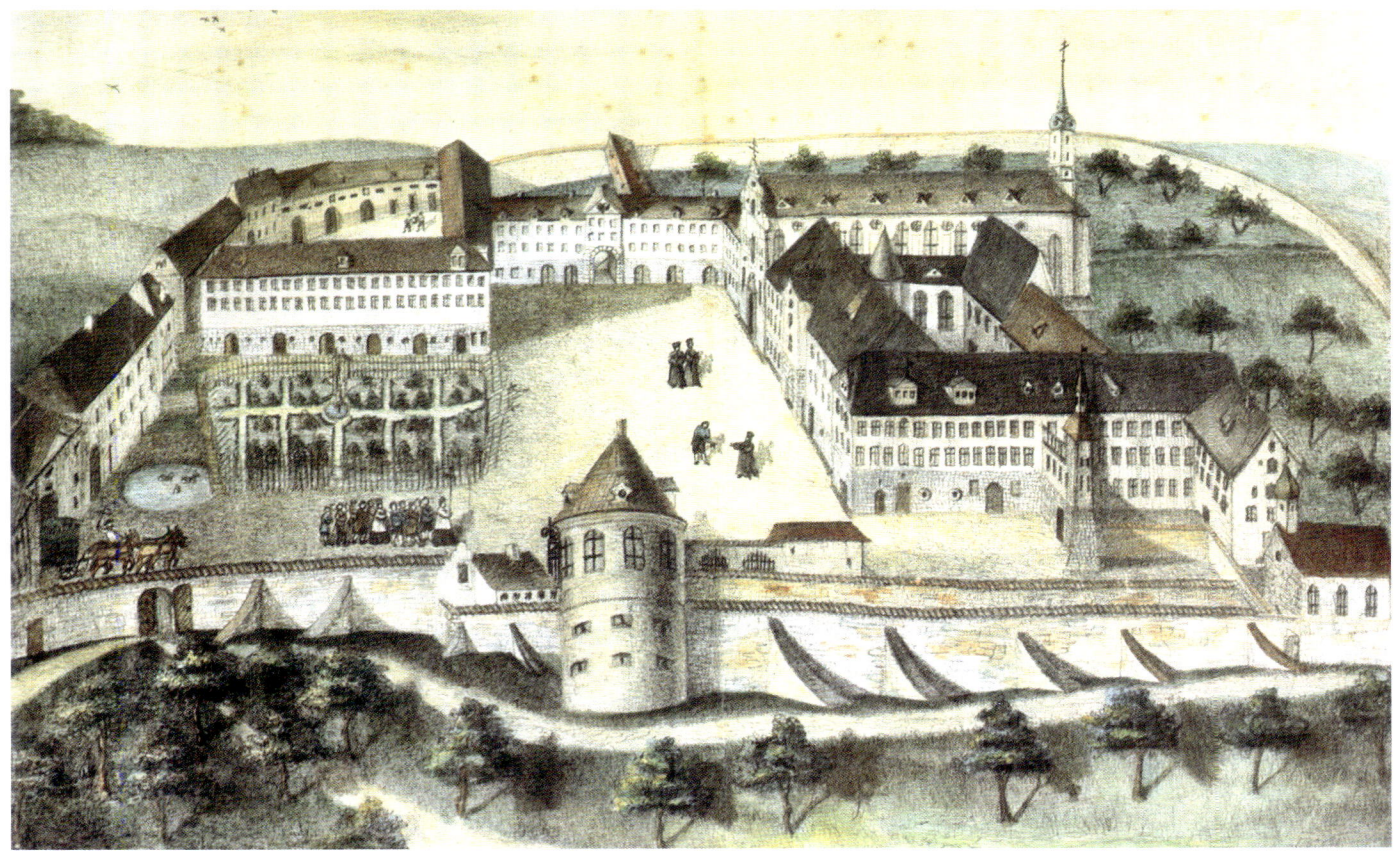

Mein Dank

Küchenschelle
(Pulsatilla)

Mein Dank gilt allen, die dieses Buch ermöglicht haben: Dem Silberburg-Verlag und seinen Mitarbeitern, nicht zuletzt für die freundliche und reibungslose Zusammenarbeit.

Wissenschaftlichen Rat und wertvolle Hinweise verdanke ich den Geowissenschaftlern Prof. Dr. Karl Dietrich Adam, Prof. Dr. Helmut Hölder und Prof. Dr. Winfried Reiff, nicht zuletzt dem Altphilologen Prof. Dr. Alfred Bercher sowie dem Archivar Dr. Roland Deigendesch.

Walter Wahl zeigte mir »seine« Neuffener Heide und viele Pflanzen der Alb. Günter Künkele, Wolfgang Riedel und Richard Schaude führten sachkundig über den ehemaligen Truppenübungsplatz Münsingen.

Heinz Dangel, seiner Frau Ella und Dr. Wolfgang Wohnhas, engagierten Naturschützern, danke ich für wertvolle Hinweise, insbesondere zum Thema Hochmoor. Petra Enz-Meyer danke ich für Anregungen zum Kapitel Achalm.

Tilo Holighaus und mit ihm die Schempp-Hirth-Flugzeugbau GmbH lieferten wesentliche Einsichten in die Segelfliegerei unserer Tage.

Meinen engagierten Mitarbeiterinnen Andrea Kleinschrot und Christa Strehle verdanke ich wesentliche Impulse.

Mein ganz besonderer Dank gilt meiner Frau Isolde, die mir seit Jahren mit Rat und Tat zur Seite steht. So stammen viele Bilder zu diesem Buch aus ihrer Kamera.